渡部あさみ

時間を取り戻す

長時間労働を変える人事労務管理

Regain Our Time

Asami Watanabe

旬報社

時間を取り戻す◉目次

第2章 労働時間の実態とその影響 057

第4章 労働時間短縮へ向けた企業の取り組み

時間を取り戻す

長時間労働を変える人事労務管理

Regain Our Time

序章　時間はどこへ

1　時間が奪われていく

二〇〇五年六月、労働時間に関し、新たな話題が世間を賑わせた。日本経済団体連合会が厚生労働省に設けられた「今後の労働時間制度に関する研究会」に使用者側意見として提出した「ホワイトカラー・エグゼンプションに関する提言」である。その趣旨は、裁量労働制を特定の専門業務に限ることなく、ホワイトカラー全体に拡大するべきだというものであった。厚生労働省は「労働基準法の一部を改正する法律案要綱」の中に「自己管理型労働制」という名称で労働政策審議会に提出したが、これは、ホワイトカラー労働者の残業代の支払い義務を免除する制度であり、労働側を中心に「残業ただ働き法案」や「過労死促進法案」、「残業代ゼロ法案」と批判が高まった。当時の第一次安倍政権は、こうした批判の高まりを受けて、法案導入を見送った。しかし、第二次安倍政権で、「高度プロフェッショナル制度」に名前を変更し、再度、導入が目論まれている。制度適用の要件は、二〇一五年現在、年収一〇七五万円が提示されている。これは、二〇〇五年に日本でホワイトカラー・エグゼンプションの議論が起こった時よりも高いものではあるが、要件緩和がなされないという保証はない。事実、一九九〇年代以降、労働の規制緩和が推し進められてきている。労働時間に関しては、一九八七年の法改正により、変形労働時間制の拡大や、みなし労働時間制、フレックスタイム制、裁量労働制の導入が行なわれたのを皮切りに、その対象業務の拡大や、要件緩和といったさらなる規制緩和が推し進められてきた。

このホワイトカラー・エグゼンプション法案が標榜している「多様で柔軟な働き方を可能にする」制度という看板は、どの程度信憑性をもつものなのか。ホワイトカラー・エグゼンプションをめぐる議論のなかでは、自律的した労働者像が前提にある。つまり、各人に仕事の裁量性が委ねられている今日の日本では、業務遂行や健康管理を自律的に行なうことができるため、従来のように企業が労働時間を管理するのではなく、労働者個人の自律性に委ねた柔軟な管理をすることが、労使双方にとってよいという考え方である。はたして、そうした現実は、この日本社会にどれほど普及しているのだろうか。

二〇一〇年、熊沢誠は「過労死・過労自殺の語る労働史」というユニークなサブタイトルをもつ著書を発表した。その冒頭は「あるありふれた職場のできごと」としてある証券マンの過労死から書き始められている。熊沢が指摘するように、一九九〇年代以降、過労死・過労自殺に至るほどの長時間労働が、正規ホワイトカラー労働者に見られるようになった。正規ホワイトカラー労働者の長時間労働は「ありふれた」光景になってしまったのである（熊沢誠『働きすぎに斃れて――過労死・過労自殺の語る労働史――』岩波書店、二〇一〇年）。働くとは何か。それは、働く人々の生活を支えるだけでなく、生きる喜びでもある。しかし、こうした本来「当たり前」であるはずのことが「当たり前」ではなくなり、その真逆の事態が「ありふれた」光景として進行している。働くことに追いまくられ、働くことが健康と命を害する元凶になってしまったといえば言い過ぎであろうか。日本はかつてより、残業大国、長時間労働大国と言われてきた。今やこの長時間労働は、〝日常的な残業〟問題という枠を超えて、過労死・過労自殺に至るまでの状況を引き起こしている。

こうした状況の背景に、グローバリゼーション、ICT化をともなう市場原理主義の浸透があると言われている。グローバリゼーションとICT化は仕事のあり方に変化をもたらしたが、それらが市場原理主義に主導されることによって、労働者にこれまで以上の負担を強いる結果となっているというのである。つまり、企業の経営戦略の根幹にグローバル競争が据えられ、そこでの競争力強化が至上命令となり、市場の要請に応えるための「働かせ方」が労働者を直撃することになったのである。これが長時間労働の主因と目されている。

こうした長時間労働は、言うまでもなく、職場で発生する。その職場の管理を人事労務管理という。人事労務管理とは、労働力の効率的利用と労働意欲の向上に向けた計画と実行、その統制の体系だとするなら、こうした長時間労働問題を引き起こす人事労務管理は、その本旨から外れていることにならないだろうか。

長時間労働や過労死・過労自殺等、いま目の前に見られる事態は、人事労務管理が機能してない、またはは「ゆがんだ労務管理」が進行している、あるいはそれが崩壊していると言わねばならないだろう。なぜなら、命と健康を害する「働かせ方」は「労働力の効率的利用」ではないし、労働意欲の減退を招くと思われるからである。

このように考えれば、長時間労働をもたらしている人事労務管理、とりわけ労働時間管理の現実の中に分け入って、その構造を明らかにすることはきわめて重要なことと言えよう。つまり、市場原理主義そのものが長時間労働をもたらしているわけではなく、それに応える人事労務管理のあり方こそが長時間労働の元凶だとすれば、この人事労務管理の構造を明らかにすることが必要なのである。市場の要請に応えるための柔軟な人事労務管理を本書では、〝人事労務管理のフレキシブル化〟と呼ぶ。人事労務管理のフレキシブル化の下で、働く人々の懸命な努力にもかかわらず、労働時間が減らないのはなぜなのか。ワーク・ライフ・バランスが声高に叫ばれている今日、労働時間を短縮するにはどうすべきか。これが本書の主たる問題関心であるが、それを一九九〇年代以降の正規ホワイトカラー労働者を対象に分析し解明する。一九九〇年代以降のホワイトカラー労働をめぐる人事労務管理のフレキシブル化との関連で労働時間管理の変化という視角から分析すること、これが本書の中心課題である。このことは同時に、人事労務管理のフレキシブル化と長時間労働の関係を問うことでもある。

懸命に働いているにもかかわらず、労働時間が短くならず、働く人々の努力が報われない職場構造があるのであれば、その働かせ方を変え、長時間労働問題を解決する人事労務管理の方途を探っていかなくてはならない。本書は、ディーセント・ワーク（働きがいのある人間らしい仕事）をもたらす人事労務管理のあり方を探る出発点なのである。

2　本書のねらいと構成

長時間労働をもたらすような企業の「働き方」を強制し、過労死・過労自殺等を生み出すような、現在の人事労務管理をどのように変えるべきなのか。それを考えるヒントとなるのが、藻利重隆が提起している人事労務管理に対する二つの視点である。一つは、労働力の効率的利用の人事管理であり、もう一つは、労使関係の安定および意欲向上という（狭義の）労務管理である（藻利重隆『労務管理の経営学（第二増補版）』千倉書房、一九七六年）。現在日本で展開されている人事労務管理は、前者の人事労務管理を重要視し過ぎるあまり、後者の（狭義の）労務管理の視点がないがしろにされている。だからこそ、労使関係の安定および意欲向上という（狭義の）労務管理の視点が求められるのである。

こうした問題意識に基づき、本書は以下、次の順で議論を展開する。

まず第1章では、一九六〇年代以降、生産性が低いことが問題視されてきた日本のホワイトカラー労働者の人事労務管理がどのように変化し、長時間労働問題を引き起こしたのかを明らかにする。市場原理主義の浸透とともに、経営側は、人事労務管理のフレキシビリティの拡充を図ってきた。生産性の向上、ワーク・ライフ・バランスの実現を目的とした人事労務管理のフレキシブル化は、なぜ、長時間労働問題を引き起こすことになるのか。雇用管理、人事制度、能力開発、労働時間管理の四点の変化に着目し、人事労務のフレキシビリティと長時間労働問題の関係性を明らかにする。

第2章では、日本の長時間労働の実態とその要因を明らかにする。まず、国際比較を通じて、日本の労働時間の特徴を明らかにする。続いて、日本の労働時間に焦点を絞り、一九九〇年代以降の推移をみていく。その際、本書が分析対象とする正社員の労働時間の実態を明らかにするために、雇用形態別の実態をみていく。正社員に長時間労働をもたらす日本の労働時間の特徴の一つに、所定外労働時間が長いことが挙げられるが、その要因は何なのか、先行研究をもとに解明を試みる。さらに、長時間労働が労働者に与える影響について、メンタルヘルスの問題、過労死・過労自殺の実態がどのようなものなのかを確認する。

こうした日本の長時間労働は突如として現れたわけではない。第3章では、一九九〇年代以前の労働時間管理、および労働時間短縮に関する資料を通じ、経営側と労働側が労働時間管理についてどのような考えをもっていたのかを探る。続いて、労働時間短縮に取り組む姿勢、そして労働時間短縮に関する労使間の考え方の違いを明らかにする。

最後に、第4章では、労働時間短縮を行なっている企業の事例から、どのような労働時間短縮がなされているのか、分類分けを試みる。それと同時に、労働時間短縮過程における労働組合の役割に着目する。労働時間短縮の事例を分類分けすると、一つの特徴がみられる。それは、労働時間短縮を労使共同で行なうケースが多いということである。そこで、本書は、労使共同で労働時間短縮運動（TM運動）を展開しているA社の事例を分析する。A社で展開されているTM運動は、日本の長時間労働の要因である、多すぎる業務量に着目し、業務量削減を通じた労働時間短縮運動である。この過程で、人事労務管理に関してどのような取り組みが行なわれたのか、また、労働組合が介入することにいかなる意義があったのか。A社労働組合への聞き取り調査、および内部資料をもとに明らかにする。

以上を通じ、一九九〇年代以降、日本で展開されている人事労務管理のフレキシビリティと長時間労働問題の問題点を明らかにし、その解決策を展望したい。

第1章 長時間労働の現場で何が起きているのか

本章の目的は、一九九〇年代以降の日本におけるホワイトカラー労働者の長時間労働問題と、人事労務管理のフレキシビリティの関係性を明らかにすることである。一九九〇年代以降の長時間労働問題に着目するのは、ＩＣＴをともなったグローバリゼーションによって市場原理主義が浸透し、仕事のあり方に変化が見られるからである。つまり、地球的規模で展開される市場競争に打ち勝つためには、これまでに増してホワイトカラー労働者の働き方の改革が必要であるとされたのである。たとえ日本が深夜であっても、地球の裏側での変化に素早く対応することが競争力の決め手であるとされ、いつでも、どこでも、必要に応じて対応すること、つまり二四時間勤務が可能な人事労務管理が求められることになったのである。一九八〇年代からの労働法制の規制緩和が労働時間制度を中心に行なわれたのは、他ならぬこの目的のためであった。さらに、本章で詳しく見る日本経営者団体連盟「新時代の『日本的経営』」（一九九五年。以下、「新日本的経営」と略）は、その法改正を受けた人事労務管理のフレキシビリゼーションへの「改革」宣言であった。このように考えれば、「新日本的経営」が目的とするところは、「必要な時に」「必要な場所に」「必要な量」の労働給付をすること＝労働給付のジャスト・イン・タイム化の実現であり、労働時間制度の規制緩和は、そのための労働時間のフレキシブル化を実現させることであったと考えられよう。

こうしたなかで、人事労務管理は、いかに変化したのか。また、それは、ホワイトカラー労働者の長時間労働問題といかに関係しているのであろうか。

1 柔軟な働き方と長時間労働問題

（1）日本のホワイトカラー労働者の低い生産性をどうするか？

日本のホワイトカラーの労働生産性の低さについては、事あるごとに語られてきた。ブルーカラー労働者については、労働時間管理の合理化をはじめ、さまざまな経営合理化策を通じて、生産性向上が図られてきた。日本のブルーカラー層の生産性の高さは国際的にも知られている。しかし、ホワイトカラー労働者については、一九六〇年代より、低生産性が問題視され、生産性向上策をめぐり繰り返し議論されてきたのである。とりわけ不況になると、この問題が指摘され、併せて日本的雇用慣行、日本的人事管理を見直すべきだとの議論が巻き起こってきた。五〇年以上もの間、ホワイトカラー労働者の低生産性が問題視されてきたのである。

日本のホワイトカラー労働者の生産性が、はたして本当に低いのか、ここではその真偽は問わない。確認すべきは、「新日本的経営」が打ち出された背景には、日本の経営者たちが、ブルーカラーの生産性に比して、ホワイトカラーの生産性は低いとし、ホワイトカラーの生産性向上が国際競争力強化の重要な決め手であると認識したことである。日本の経営者にとしては、生産性向上に向けて、いよいよ「本丸」に攻め込む時期が来た、このように「自覚」したのであろう。

「新日本的経営」では、ホワイトカラーの生産性を高めるための留意点として、以下の三つを挙げている。それは、①職務遂行基準、評価基準を客観化・透明化し、成果重視の気風を高めるとともに、情報機器を十分に活用し、適格な情報把握と迅速な対応をすることによって経営効率を高めていくこと、②雇用管理においては、常に直接稼ぐ部門の比率を高める一方、管理・間接部門の効率化を図ること、③全従業員、とりわけホワイトカラーの能力開発を積極的に行ない、一人当たりの仕事のスパンを広げることである。つまり、成果重視の働かせ方で効率を高め、管理・間接部門（ホワイトカラー）のリストラを行ないながら、各人の能力開発を進めることが必要であるとされたのである。

ホワイトカラー労働者の「仕事」は、どのようなものなのか。端的に述べると、ホワイトカラーの仕事の特徴は、多様性、個別性、「機械化」「標準化」の困難性にあると言える。そうした特徴をもつホワイトカラーの労働生産性は、どうすれば高めていくことができるのか。実は、一九八〇年代後半以降、ホワイトカラー労働者の労働時間管理をめぐる法制度の規制緩和が推し進められてきたのは、この目的実現のために他ならなかった。「新日本的経営」は、この規制緩和を背景にして、ホワイトカラー労働者の働き方をフレキシブルにさせることによって、その生産性向上を実現しようとした。こうして、ホワイトカラーの生産性向上が人事労務管理のフレキシブル化という形で進められることになったのである。

（2）働き方を柔軟に

人事労務管理のフレキシビリティについて、黒田兼一は、人事労務管理のフレキシビリゼーションとは、人事労務管理の多様な領域でリジッドな部分を修正（ないし改変）することであると定義する（黒田兼一「人事労務『改革』をどうみるか—日本はアメリカを追っているのか—」中央大学商学研究会『商学論集』第五三巻第五・六号〈二〇一二年〉、二七一—二九二頁）。人事労務管理のフレキシビリティの目的は、企業が市場の動向に柔軟に対応していくこと、つまり、市場が求めている「質と量」の仕事に柔軟に対応できる人事労務管理に「改革」していくことである。フレキシビリティとは、市場の変化、市場の動向に「柔軟」に対応していくことという含意がある。市場の変化に柔軟に対応していくことなしには企業経営の存続が危ういという認識のもとで「改革」が進められている。すべてがフレキシビリティに向けた「改革」なのである（黒田兼一・山崎憲『フレキシブル人事の失敗—日本とアメリカの経験—』旬報社、二〇一二年）。

一九九〇年代以降、人事労務管理のフレキシビリティが強く求められるようになってきたが、それ以前の日本の人事労務管理はいかなるものだったのか。Paul Thompson は「日本企業における人事労務管理のフレキシビリティはかつてより存在している」と指摘する（Paul Thompson 著、成瀬龍夫・青木圭介ほか訳『労働と管理―現代労働過程論争―』啓文社、一九九〇年）。日本的経営が有していたフレキシビリティとは何か。この点に関わって、木元進一郎は、戦後日本の人事労務管理を振り返って、人事労務管理の「弾力化」を一貫として追求してきた、と指摘している。それは、戦後日本企業は戦後労資関係の解体・「経営権の復権」の下での人事労務管理の始動と形成を前駆として、①第一次高度成長期に構築され、②それに引き続く第二次高度成長のもとで導入された「能力主義管理」によって「合理化・洗練化」されて定着し、③二度にわたる「石油ショック」のもとでの再編を経て、八〇年代初頭に至るまでの「日本的労務管理」の根底を一貫して流れているものは、「弾力化」の追求・強化そのものであるということだ。木元は「弾力化」とは使用者側の思いのままに管理できるようにすることと解釈し、戦後の人事労務管理の変遷を跡づけている。つまり、「年齢と家族数という客観的基準」によって基本給が算定されていた電産型賃金体系に代わる人事考課を「絶対必要条件」とする定期昇給制度の導入、作業長制度による職場支配の強化、労働組合の企業主義化等々、その構築の当初より「日本的労務管理」は、使用者の思いのままの規制に途を開くものとして「弾力的」なものであった。その後「能力本位」という口実のもとに「合理化・洗練化」された「日本的労務管理」の「弾力化」路線には、たとえば、昇給・昇進はもちろんのこと教育・訓練や配置・異動・出向から雇用契約の終了にいたるまでの「人事労務管理のトータル・システム化」によって能力主義的個別化・選別化が強化されるなど、すさまじいものがあった（木元進一郎編著『激動期の日本労務管理』高速印刷出版事業部、一九九一年）。

このように木元は、日本の人事労務管理は、戦後直後よりフレキシビリティが追求されてきたと述べたうえで、九〇年代に入ってさらなる追求がなされていると言う。その理由について、先進資本主義国でその例をみない「弾力的」な「日本的労務管理」の一層の「弾力化」のための伏線として、「硬直性」の側面を探し出し、あるいは強引に想定したうえで強調していると指摘している。

さらなる人事労務管理のフレキシビリティの方向性を明確に示したもの、それは、「新日本的経営」に他ならない。Atkinsonの「フレキシブルな企業」は、「新日本的経営」に大きな影響を与えたと言われている。アトキンソンが「フレキシブルな企業」と呼ぶモデルではフレキシビリティは、機能的(functional)フレキシビリティ、数量的(numerical)フレキシビリティ、財務的(functional)フレキシビリティの三つの視点からとらえられる(James Atkinson Flexibility, Uncertainty and Manpower Management, IMS Report No.89 Report of a Study Conducted Under the Co-operative Research Program of the Institute of Manpower Studies, 1985)。

機能的フレキシビリティとは、市場環境や生産技術・方法の変化に応じて仕事内容や配置などを柔軟に調整できるようにすることをいう。数量的なフレキシビリティとは、市場動向に対応した労働力需給に応じて従業員の数を柔軟に調整できるようにすることである。財務的フレキシビリティとは市場の状況に合わせて人件費を自由に調整できるようにすることをいう。このアトキンソン・モデルでは、第一のフレキシビリティを正規雇用従業員(中核労働者)の職務と配置を柔軟に調整することに求め、第二のフレキシビリティでは、雇用形態の多様化(周辺労働者)と労働時間制度の柔軟化、そして外部化が主張され、そして第三のフレキシビリティでは、業績査定給や利潤分配制など賃金制度の「改革」が考えられている。

国	資金の柔軟性	失業への対応	労働時間の柔軟性	異動の柔軟性
カナダ	アメリカより低い	アメリカより大きい	低い	低い
ヨーロッパ	低い	大きい	低い	低い
日本	高い（ボーナス）	低い	高い	企業内 及びグループ内での異動あり
アメリカ	中程度	かなり低い	低い	中程度

E. Amadeo and S. Horton (1997) Labour Productivity and Flexibilityより筆者作成。

表1-1　人事労務管理のフレキシビリティの国際比較

「新日本的経営」では、このアトキンソンの「フレキシブルな企業」をベースに、雇用、賃金、配置、従業員教育、そして労働時間と、人事労務管理のあらゆる領域のフレキシブル化の必要性が論じられているのである。こうしてフレキシビリティは二一世紀に向けた人事戦略の中核を占めることになった。〝聖域なきフレキシビリゼーション〟、これが日本の企業経営者のスローガンとなったといってよいだろう。

　日本の人事労務管理のフレキシビリティについては国際的にも知られている。Edward J. Amadeo, Susan Hortonらによる人事労務管理のフレキシビリティの国際比較に関する興味深い研究がある（Edward J. Amadeo, Susan Horton Labour Productivity and Flexibility, Palgrave Macmillan,1997）。表1－1は、彼らが比較分析を行なった国・地域から、欧米と日本を選出し、賃金の柔軟性、失業への対応、労働時間の柔軟性、異動の柔軟性を示したものである。ここで比較されている国・地域と比較して、日本は、賃金の柔軟性は高く、失業への対応度は低い、異動の柔軟性については企業内およびグループ内での異動があるという結果となっている。

年功賃金といわれながらもボーナスを考慮すると賃金は高フレキシブル、いわゆる終身雇用慣行から失業への対応については低フレキシブル、頻繁な人事異動から、異動については高フレキシブル、時間外労働の長さを勘案して労働時間もまた高フレキシブルとの評価を下していると思われるが、おおむね妥当であろう。

このように日本の人事労務のフレキシビリティの高さは群を抜く水準であることがわかるのだが、なぜこれほどまでにフレキシビリティが高いのか、その原因までは研究を深めてはいない。その原因を明らかにするためには、一九九〇年代以降の人事労務管理の実際に分け入って、フレキシブル化の構造を分析する必要がある。本研究のテーマである労働時間管理を含めて、「新日本的経営」で主張されていた内容がどれほど実践されていったのか、実態に即して分析していかねばならない。

2 「新日本的経営」にみる人事労務管理のフレキシビリティ

(1) 労働時間をどうみるか?

いよいよ労働時間管理の変化に留意しながら、一九九〇年代以降の人事労務管理のフレキシブル化の構造分析に入ることにする。本書では、「業務量＝要因マンパワー（人数×スキルレベル）×労働時間」

算定式①　労働時間を決める算定式

$$労働時間 = \frac{業務量(投入労働量)}{人数 \times スキルレベル \times 労働強度}$$

算定式②　業務量(労働投入量)を決める算定式

$$業務量(労働投入量) = 人数 \times スキルレベル \times 労働強度 \times 労働時間$$

（佐藤厚「仕事管理と労働時間―長労働時間発生のメカニズム―」労働政策研究・研修機構『日本労働研究雑誌』五七五号〈二〇〇八年〉、二七－三八頁）と「投入労働量＝労働強度×労働時間×人員数」（浪江巌『労働管理の基本構造』晃洋書房、二〇一〇年）という算定式を参考に、次の労働時間を示す算定式①を提示したい。

しかし、この算定式は、フレキシビリティが強調される現在において、修正して考えねばならない。フレキシビリティとは、市場動向に柔軟に対応していくこと、つまり市場が求める質と量の労働に、すばやく柔軟に対応することを意味していた。このように、何よりも市場が求める業務量（投入労働量）にすばやく対応することが求められるとすれば、業務量を考えるための算定式に変形する必要がある（算定式②）。

算定式②において、労働時間は、もはや、業務量達成に合わせて変化せざるをえない。フレキシビリティ下の人事労務管理は、この左辺の動向に右辺を構成する各要素をフレキシブルに対応させることができるように改変されなければならない。一九九〇年代以降の人事労務管理の課題はこのようにとらえられてきたのである。労働時間の課題もまたこのような枠組みでその「改革」が行なわれたはずである。

こうして人事労務管理のフレキシビリティとは、市場動向に適合的な作業量に「柔軟」に対応・調整するための雇用システム、人事システム、労働時間制度、賃金システムのことであり、そのための人事「改革」が目指されているといえる。

以下、本章では、この算定式をもとに、長時間労働問題と人事労務管理のフレキシビリティについて、考えていく。

人事労務のフレキシビリティが目指す業務量（投入労働量）を市場動向に対応させるための人事労務のフレキシビリティとして、①人数、②スキルレベル、③労働強度、④労働時間の四点を検討の対象とする。それらをふまえ、なぜ、正規ホワイトカラー労働者の長時間労働問題が深刻化したのか、なぜ懸命な努力＝労働強度の増大が労働時間の短縮に結びつかないのか、この課題の解明に向けて考察を加える。

①人数：進む非正規化―容易に調達、容易に解雇

「新日本的経営」は、従業員を「長期蓄積能力活用型グループ」「高度専門能力活用型グループ」「雇用柔軟型グループ」に分類し、「個の尊重」と「人材の有効活用」が両立可能な〝雇用ポートフォリオ〟を提示した。この方針に沿った雇用管理の最大の特徴は、正規雇用の削減と非正規雇用の拡大にある。

このなかで、今後の労働力を、①長期蓄積能力活用型、②高度専門能力活用型、③雇用柔軟型の三

つに分類し、正社員は①のグループに限定し、②、③の非正規社員の有効活用を図るとした。この「新日本的経営」は、企業の雇用管理に大きな影響を与えた。

これまでの日本企業は、熊沢誠が言うように、需要拡大期にも採用人員は増やさず、在籍者の支出労働の増加をはかることで対応してきた。終身雇用の慣行に制約された企業にはそうした志向が強かった。また、これは組合の責任でもあるが、減量経営化、定期退職や有給完全取得をつらぬけば、割当ての仕事量がこなせないようなシステムにされていることも多い。このような状況では、残業を拒めば「どうせ明日の自分がしんどい」か、仲間に迷惑をかけるかのいずれかになのだ（熊沢誠『日本的経営の明暗』筑摩書房、一九八九年）。

しかし、近年の所定外労働の急増と慢性化は、そうした景気変動要因のみでは説明できない。九〇年代半ば以降は、日本的雇用制度が揺らぎ、終身雇用制が崩壊し始め、若年雇用問題が深刻化した時期であった。厳しい経済情勢を背景に、企業は即戦力をもつ若者を求め、新規学卒者にこだわらず中途採用を増やしていった。こうした状況のなかで、正規雇用労働者がしていた仕事をパートタイム労働者や派遣社員で代替するようになったと考えられよう。

図1－1は、総務省「労働力調査特別調査」、「労働力調査（詳細結果）」をもとに作成したものである。正規雇用者の減少、非正規雇用者の増大、そして、正規雇用者比率の急速な減少が見てとれる。ここでも着目すべきは、一九九五年の「新日本的経営」公表以降の推移である。正規雇用者が労働力率に占める割合が急速に減少する一方、非正規雇用者比率が増大していることがわかる。

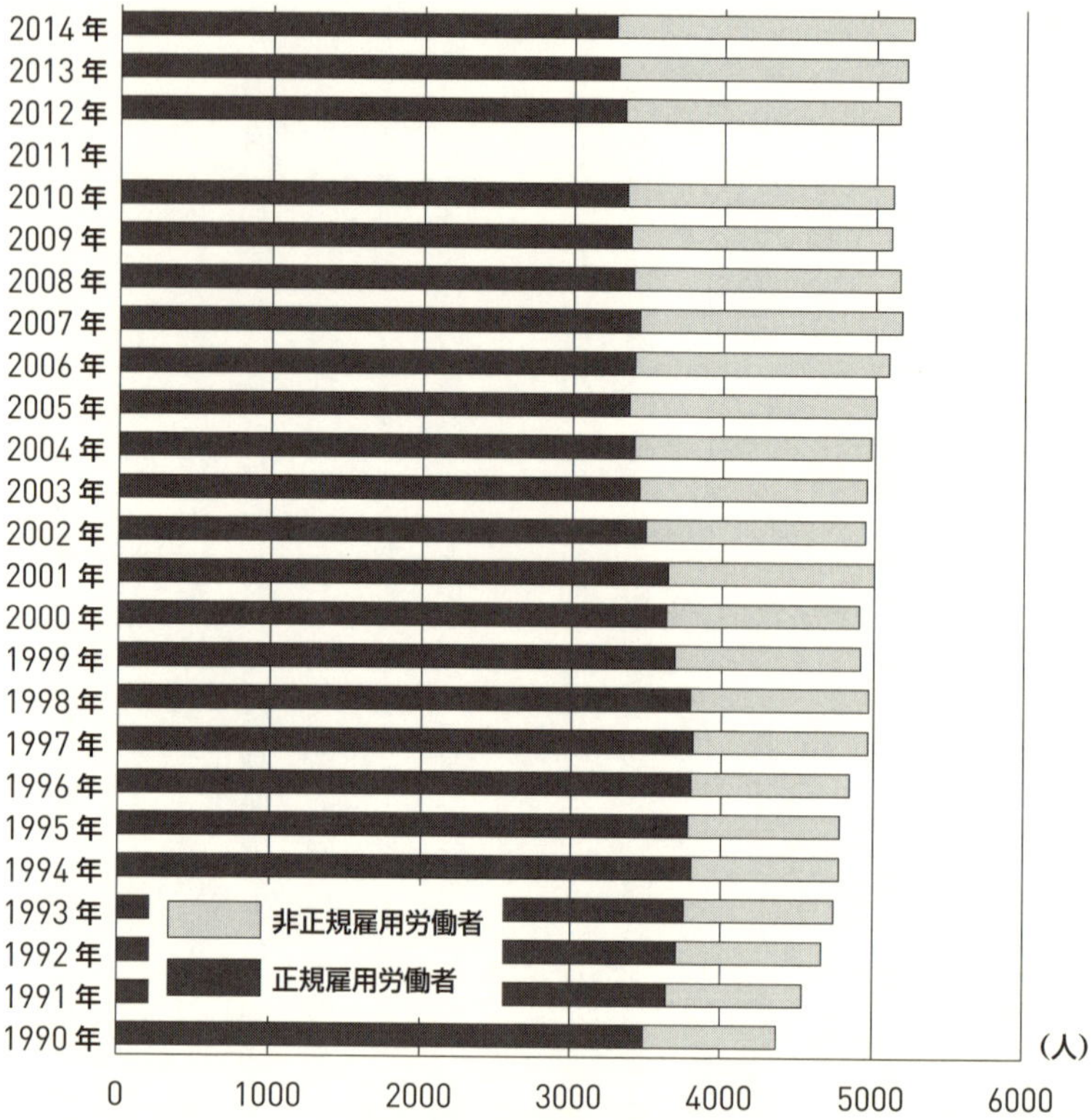

総務省「労働力調査特別調査」、「労働力調査（詳細結果）」をもとに筆者作成。

図1-1　正規雇用労働者・非正規雇用労働者の推移

企業が必要なときに必要な労働力を得ることを目的とした、要員管理のフレキシビリティは、非正規雇用労働者数の増加、つまり、雇用の非正規化という実態を招いた。

では、正規雇用を非正規雇用に代替することによって、なぜ正規雇用労働者の労働時間は増えるのか。この点に関し、島田晴雄は、非正規による代替が進んだ結果、残された正規雇用者一人当たりの仕事量は増え、職責は重くなったという（島田晴雄・根津利三郎『雇用改革』東洋経済新報社、二〇〇七年)。業員の頭数を増やしても、非正規雇用労働者については、所定外労働が想定されていないことや、技能レベルの問題がある、といった考慮が必要になるからである。

こうして、企業が、需要拡大期にも採用人員は増やさず、在籍者の支出労働の増加をはかるという姿勢を以前からもっていたことに加え、近年の非正規雇用の増加の半面で、正規雇用者数が減少していることが、所定外労働の慢性化に拍車をかけることになったと考えられる。

このことは、森岡孝二が指摘するように、男性では週六〇時間以上の超長時間労働者が増え、女性では週三五時間未満のパートタイム労働者が増えることを意味する。森岡はこのことを「労働時間の二極分化」と呼んでいる。つまり、正規雇用労働者の長時間労働問題が深刻化するなかで、労働時間の短いグループが出現する現象が発生しているのである。その要因には、ポジティブリスト方式からネガティブリスト方式への移行や、製造現場への派遣解禁など、派遣労働制度の規制緩和と自由化があるとし、派遣労働に関する規制緩和の影響が大きいことを指摘する(森岡孝二『就職とは何か――〈まともな働き方〉の条件――』岩波書店、二〇一一年)。

こうして非正規雇用の拡大という形での雇用のフレキシブル化は、正規ホワイトカラー労働者の労働時間を増加させる結果を招くことになった。

②スキルレベル：仕事に必要な能力は自分の責任で身に付ける

「新日本的経営」は、「個性重視の能力開発の重要性」を主張している。ここで「個性重視」がいわれるのは、次のような事情が反映されている。

「新日本的経営」によると、経済全体の構造改革が進むなかで、従業員の意識・価値観はこれまで以上に変化し多様化する一方で、新しい技術への適応や新しい市場への挑戦など企業が求める能力要件も拡大し、これまでの集団的・画一的な能力開発から従業員一人ひとりの「個」を重視しつつ、同時に企業のニーズにも合致する能力開発の方法を構築し具体化していかねばならない。このような理解に立てば、能力開発は、企業が用意したプログラムに沿った企業内教育ではなく、外部環境の変化に対応させ、それを「企業の都合」からではなく「各人の生きがい・働きがい」と結びつけ生涯教育の考え方に立って推進なければならない。このような前提に立って、企業も能力開発に努めるとともに、各人も自己啓発に励むことによって、わが国全体の能力レベルを高めていくことが大切であるという。そして、従来のような画一的な人材育成だけでは対応できないとして、独創性や創造性が豊かな、つまりフレキシブルに対応できる能力をもった人材を育成する必要性を主張したのである。

「新日本的経営」の目的は、企業を取り巻く環境の変化に対応することにある。そこから、「変化に柔軟に対応できるとともに積極的に自ら考え行動する自律型・創造型・革新型」といった人材像を求めるようになり、キャリア・ディベロップメント・プログラムと一体化した選択型研修が導入され、自

	70年代	80年代	90年代	2000年代
Off-JT受講比率	18.9%	20.0%	21.3%	12.8%
平均年齢 年齢(最少/最大)	20.1 (16/24)	26.1 (16/34)	31.2 (16/44)	38.6 (24/54)

原ひろみ（2007）より筆者作成。

表1-2　Off-JT受講状況

己啓発が重視され、エンプロイヤビリティの自己形成が叫ばれるようになった。

こうした方針は、能力開発の実態にどのように影響を与えているのだろうか。原ひろみは、『働き方と学び方に関する調査』の労働者個票データをもとに、一九七〇年代以降のOff‐JT受講者比率の変化を明らかにしている（原ひろみ「日本企業の能力開発—七〇年代前半〜二〇〇〇年代前半の経験から」労働政策研究・研修機構『日本労働研究雑誌』五六三号〈二〇〇七年〉、八四—一〇〇頁）。調査時期が二〇〇五年であることから、人材育成の近年の動向を知る手がかりとなる。そこで指摘されているように、一九七〇年代から九〇年代まではOff‐JT受講者比率は上昇傾向にあったが、二〇〇〇年代に急激に低下している。また、受講対象となる年齢も、七〇年代、八〇年代、九〇年代、二〇〇〇年代と年代を経るにつれ、高くなってきている（表1－2）。

年々受講率が下がり、かつ受講年齢層も高くなっているなかで、それがどれほど機能しているのか気になるところである。この点を厚生労働省「能力開発基本調査」をもとに比べてみよう。図1－2に示されている、Off‐JTの役立ち度をみると、回答した正社員の九割

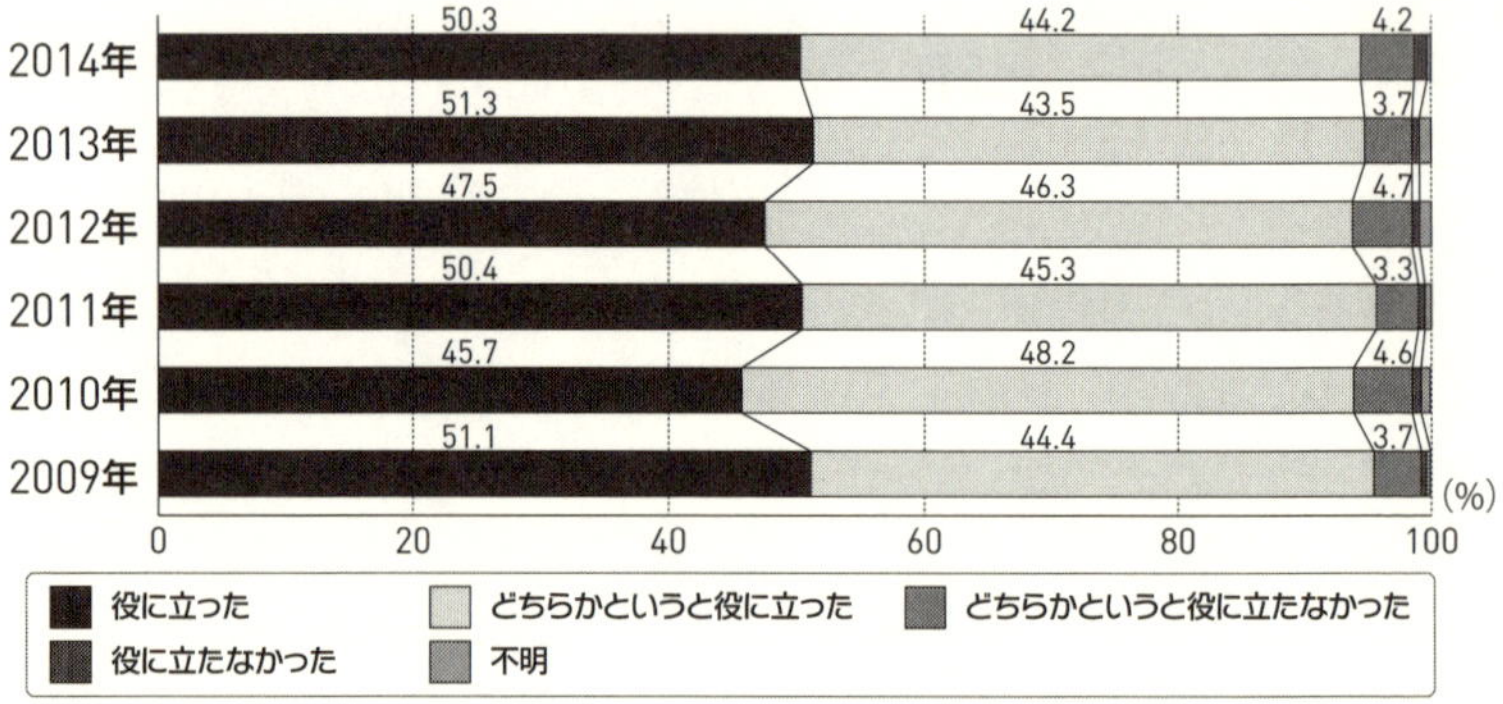

厚生労働省「能力開発基本調査」より筆者作成。

図1-2　受講したOff-JTの役立ち度

以上がＯｆｆ－ＪＴが役に立っている（「役に立った」＋「どちらかというと役に立った」）と回答している。Ｏｆｆ－ＪＴが役に立ったという事実はここから確認できるが、そのＯｆｆ－ＪＴの対象となっている労働者が、すでにみたように二〇〇〇年に入って減少していることに留意しなければならない。表１－２が示すように二一・八％の労働者には、職務遂行上、有益な能力開発が行なわれる一方、九割近い労働者が、十分な能力開発を受けていない状況にあることになる。

企業は「産業構造の変化」、「技術の進歩」、「経済的環境の変化」、労働力の需要と供給の「ミスマッチ」、若者の職業観の問題といった諸要因を挙げて、企業による職業能力開発の幅と中身を収縮させており、「個人主導のキャリア形成」を強調することで労働者や若者に職業能力開発の自己責任化をおしつける形になっている（植上一希「個人主導の職業能力開発」労務理論学会編『経営労務辞典』晃洋書房、二〇一一年）。

職業能力開発の自己責任化の典型は、経営側によるエンプロイヤビリティ論である。

日本経営者団体連盟教育特別委員会『日経連教育特別委員会・エンプロイヤビリティ検討委員会報告 エンプロイヤビリティの確立をめざして――「従業員自律・企業支援型」の人材育成を――』(一九九九年)は、今後の人材育成のあり方と具体的な方策を提言する報告書である。日経連が主張するエンプロイヤビリティとは、「労働移動を可能にする能力」に「当該今日の中で発揮され、継続的に雇用されることを可能にする能力」を加えた、「広義のエンプロイヤビリティ」、つまり「雇用されうる能力」を指す。そもそもエンプロイヤビリティは一九八〇年代のアメリカで注目された概念であるが、長期雇用慣行を基調とする日本においては、アメリカのそれとは異なる目的で推進された。雇用の流動化を目的とした、能力開発の自己責任化である。

ここから浮かび上がる人事政策は、転職が可能な能力を身に付けさせること、会社をあてにせずに自分で自覚的に能力向上に励むように仕向けることである。エンプロイヤビリティは、人事労務管理に市場原理を導入し、雇用を流動化させる意図で提起されているのは明らかである。

では、そうした能力開発の自己責任化は、「新日本的経営」のなかで言われているように、独創性や創造性の豊かな人材の育成に貢献したのだろうか。

それを検証するのは容易ではないが、能力開発のフレキシビリティ、能力開発の自己責任化は、個々の労働者の職務遂行能力の低下を招きかねない。また、先にみた雇用の非正規化により、職場の正規雇用労働者比率も低下していることを勘案すれば、職場全体の職務遂行能力の低下も招くと考えられる。何故なら、多くの非正規雇用労働者は必要な職業訓練を受けていないし、その層の比率が増加しているからである。こうして職場全体の職務遂行能力の低下を招き、そのことが正規雇用労働者の長時間労働問題につながっていくと考えられる。

③労働強度：成果主義化を通じた労働強化

九〇年代以降、人事労務の分野でもっとも「注目」を浴びたのは成果主義である。そして各人があげた「成果」で処遇が決められるとすれば、自らの身体にムチを打ってでも成果達成に勤しむことが「強制」されるわけだから、それは労働強度を上げていくもっとも有効な手段となるはずである。

「新日本的経営」は、主として「長期蓄積能力活用型グループ」を対象に、人事評価の役割の重要性と総額人件費管理の徹底の重要性を説いている。さらに賃金管理の新たな視点として、職能・業績反映型への見直しを求めている。成果主義人事制度と成果主義賃金である。

多くの議論では、成果主義人事賃金制度は、年功制も打破と人件費コストの削減を目的に導入されたとされているが、ここで注目したいのは、成果主義が「仕事の成果を上げる」ことへの動員力である。しかもそれは集団決定の処遇ではなく、「個人の頑張りに報いる」制度であるのだから、個人の成果を上げるべく労働強度を自らの意志で上げていくことになる。

成果主義の導入状況をみてみよう。図1－3は、成果主義導入を導入している企業の割合である。二〇〇一年をピークに、その後減少傾向にあることが伺える。また、図1－4は、一〇〇〇人以上の規

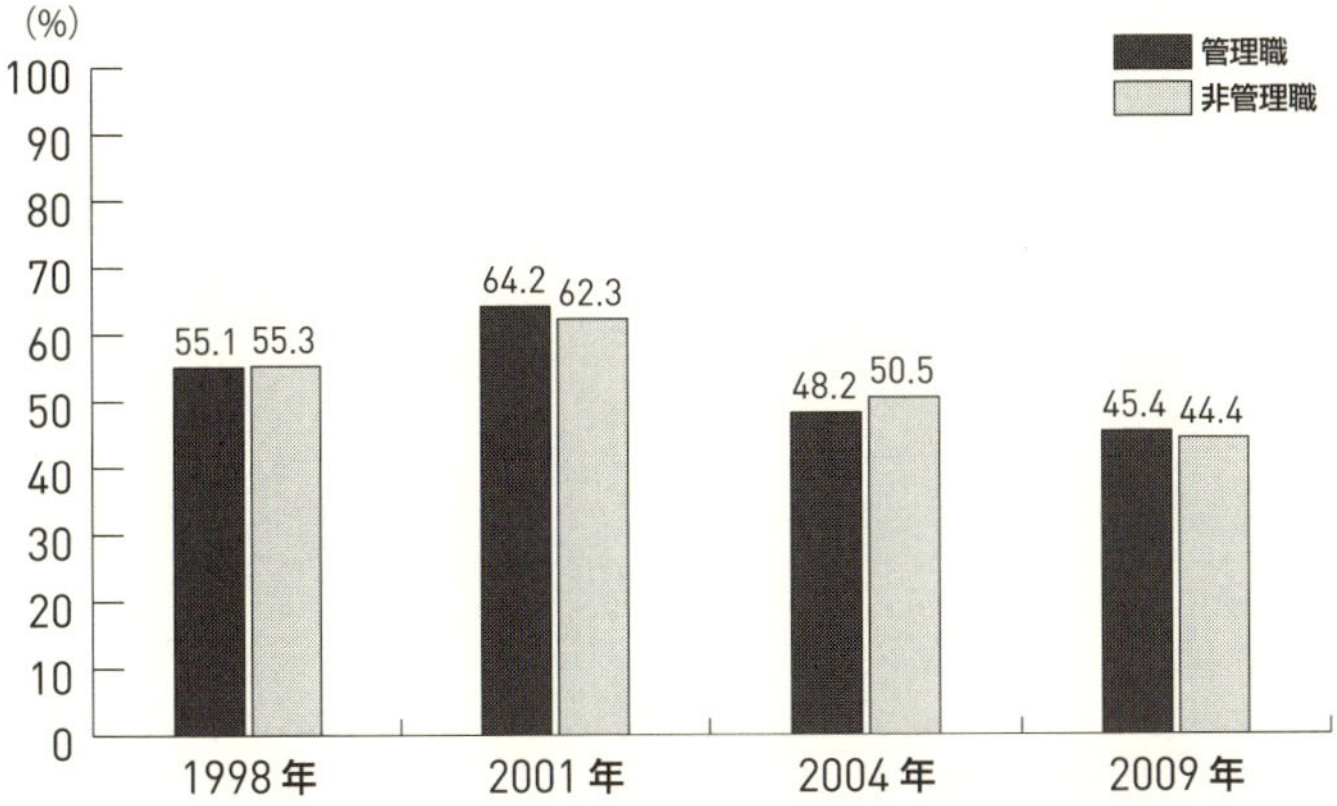

厚生労働省（1998）「賃金労働時間制度総合調査」、
同（2001、2004、2009）「就労条件総合調査」をもとに筆者作成。

図1-3　成果主義を導入している企業の割合

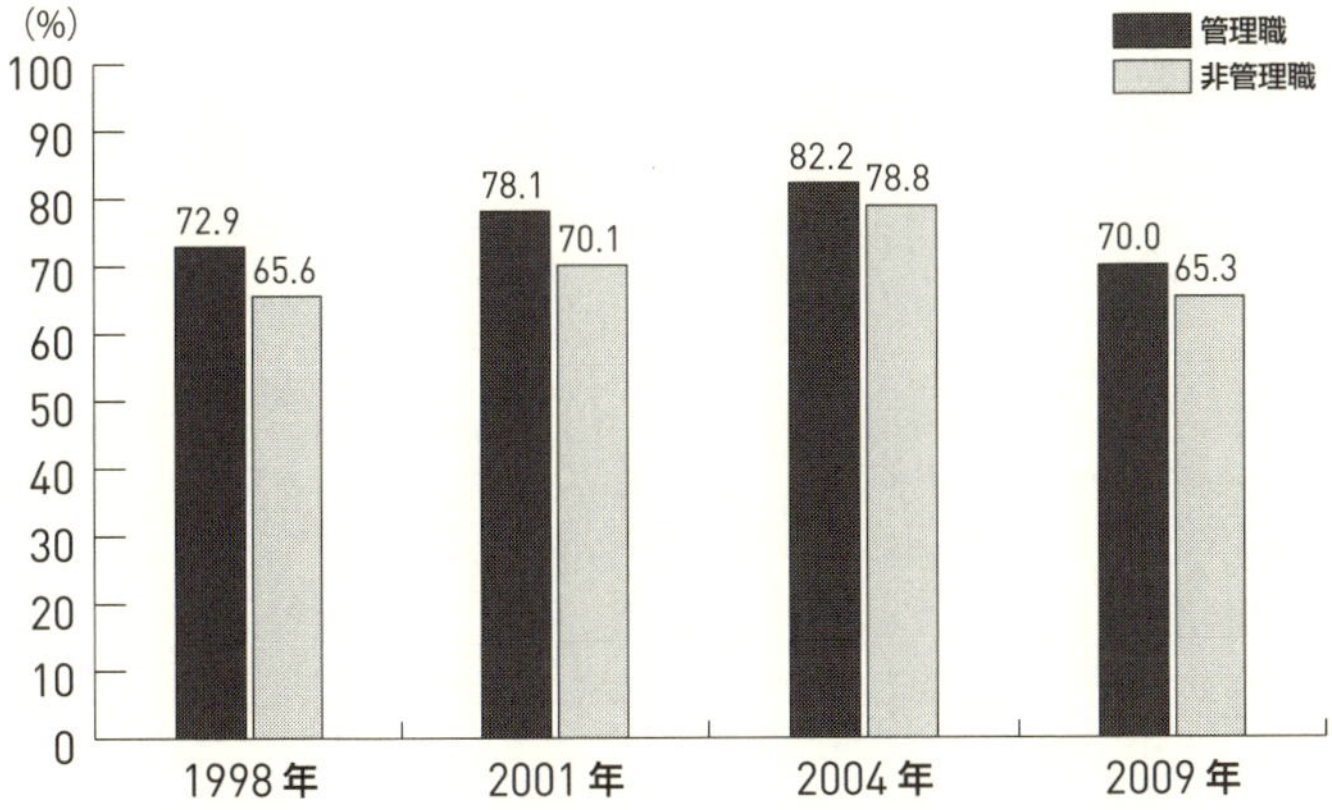

厚生労働省（1998）「賃金労働時間制度総合調査」、
同（2001、2004、2009）「就労条件総合調査」をもとに筆者作成。

図1-4　成果主義を導入している企業の割合（1000人以上）

模の企業における、成果主義を導入している企業の割合である。一〇〇〇人以上の規模の企業においては、より高い割合で成果主義を導入する傾向がある。二〇〇〇年代以降、導入率はやや低下するも、全体の四割以上の企業で、一〇〇〇人以上の企業では、管理職の七割、非管理職の六割五分以上の割合で成果主義が導入されている。

こうして九〇年代以降普及してきた成果主義人事賃金制度は、たんに成果と業績のみではなく、各人の努力や仕事への専念度、仕事ぶり（仕事プロセス）を重視することで、「受容」されやすくなった。つまり、成果主義人事賃金制度によって、なお一層、仕事に駆り立てられ「労働強度」を引き上げていくことになったのである。

ところで、それまでの能力主義管理においても、また現在普及している成果主義人事制度でも、管理のカギとなるのは人事考課査定制度である。この制度の存在が日本の労働者の「勤勉性」と「自発性」を支える動力となっていることは、これまでも指摘されてきた。その要因としては、人事考課の対象が、「職務遂行能力」だけでなく、「情意・執務態度」も含まれることがあげられる。労働組合の干渉のない人事査定制度こそ、「自らの意志」で仕事に専念させ、「自らの意志」で労働強化に駆り立てる「装置」であった。しかもその成績は、賃金、昇進、昇格、教育訓練などに活用される。この人事査定制度が、長時間労働の発生要因となってきたことは間違いない。

この人事査定制度は、また、「サービス残業」に駆り立てる「装置」でもある。熊沢誠は、「サービス残業」をすることを選択した者の多くが、人事考課を気にしているという。その背景には、仕事をやり終えなければ、また、「協定」以上の所定外労働を拒めば、査定が悪くなって不利益をこうむることも多い実態があるとする。その結果、労働者たちは、「強制と自発がないまぜになった」状態のなかで仕事に専念することとなるのである（熊沢誠『日本の労働者像』筑摩書房、一九八九年）。

さらに続けて熊沢は、「強制された自発性」はいまもなお存在し、労働者たちが「強制された自発性」のもとで、過重な労働に駆り立てられていると指摘する。成果主義が浸透することになって、なお「自ら立てた」目標に向かって「頑張らせる」目標管理、これを利用した過大なノルマが課されるという実態があるからである（熊沢誠『若者が働くとき・「使い捨てられ」も「燃えつき」もせず』ミネルヴァ書房、二〇〇六年）。

こうした成果主義とそれを支える道具としての人事査定制度が長時間労働と強い相関をもっていると指摘するのは小倉一哉である。小倉は、労働時間というインプットではなく、業績や成果というアウトプットによる評価とはいっても、多くの人は、以前よりも長時間労働になってしまうのが実情だ。才能や要領のよさを発揮して短時間で高成果を挙げられる人は少ない。長時間労働は、与えられた役割や目標などが、そうたやすくできるものでもない、という業務の大きさ、重さを意味している、という（小倉一哉「日本の労働時間の課題・長時間労働と不払い労働時間」ＩＬＯ『月刊世界の労働・世界のしごととくらしを考える』第五六巻第一二号〈二〇〇六年〉）。また小倉は、近年の日本の専門職は、業務量が〝増える〟ことはあっても、〝減る〟ことはなくなっているのではないかと懸念する。専門職の処遇は成果主義であり、しかもその成果主義が一九九〇年代以降、従来に増して「質も量も」重視されてきているように感じられるからだという（小倉一哉『エンドレス・ワーカーズ』日本経済新聞出版社、二〇〇七年）。

岡田真理子も同様の指摘を行なっている。成果主義的管理は、通常の人事労務管理と比較してより成果や実績を評価対象として重視するために、それ自体が労働者を駆り立てるドライブシステムとしての傾向をより強めることとなり、それゆえ、労働時間はより長時間化し、労働者は生活時間を犠牲にしても成果を評価されるために労働することとなると指摘するのである。しかも、成果主義的管理が裁量労働時間制と組み合わさることによって、その傾向はさらに一層強くなる（岡田真理子「労働時間」久本憲夫・玉井金五編『ワーク・ライフ・バランスと社会政策』法律文化社、二〇〇八年、第六章）。成果主義人事制度と労働時間制度の関係に触れた重要な指摘である。

こうして、成果主義人事制度の浸透によって、労働者は時間をいとわずに働くこととなり、歯止めがなくなる。ここに所定外労働時間が必然的に発生するメカニズムがある。つまり、成果主義的人事制度は、業務量を引き上げ、長時間労働を発生させる制度となっているのである。長時間労働が「時間管理」だけでなく、人事処遇制度に起因していることは明らかである。処遇が「働いた時間」ではなく、成果に基づいて行なわれるようになれば、労働時間管理のありかたも変更されることになる。

④労働時間：労働時間管理の自己責任化

「新日本的経営」は、「働いている労働時間の長さに重きを置くのではなく、働いた成果によって従業員の仕事ぶりを評価し処遇するとの視点に切り替えることが必要」であると主張し、労働時間のさらなるフレキシビリティを追及する方針を示している。先に述べたように、「新日本的経営」は、ホワイトカラーの生産性向上のために、成果重視の働かせ方で効率を高めること、管理・間接部門（ホワイトカラー）のリストラをすること、各人の能力開発を進めること、これらを通して一人あたりの仕事の範囲を広げることが必要であるとした。

効率的に仕事をさせるためには、勤務の形態や場所を問わず、労働時間の量により評価するのではなく、労働の質や成果で評価すべきであるとし、裁量労働制の急速な拡大の必要性を主張している。つまり、労働生産性向上に向けて、労働時間を管理対象から追放し、その自己責任化を推し進めるべきであるとしたのである。もはや、労働時間問題は、企業（会社）の問題ではなく、働く個人の問題にしようとしているのである。それによって「ダラダラ働くことを回避し」、「メリハリのある働き方」でホワイトカラーの生産性が向上するというのである。

しかし、そのようなやり方は、長時間労働を「個人の問題」として隠ぺいすることにもつながる。このことを明らかにしたのは小倉一哉である。小倉は、「課長クラス」以上の管理職、勤務時間制度で「裁量労働制・みなし労働」か「時間管理なし」のどれか一つにでも該当する労働者を「時間管理の緩やかな労働者」と定義し、その労働時間の実態を調査した（図1－5）。この調査結果は、「時間管理の緩やかな労働者」は、総労働時間、超過勤務時間が、それ以外の労働者よりも長いこと、また仕事を家にもち帰る頻度も高いことを明らかにしている（小倉・前掲『エンドレス・ワーカーズ』）。こうして、労働時間のフレキシビリティを可能にする時間管理のやり方は、正規ホワイトカラー労働者の現実の長時

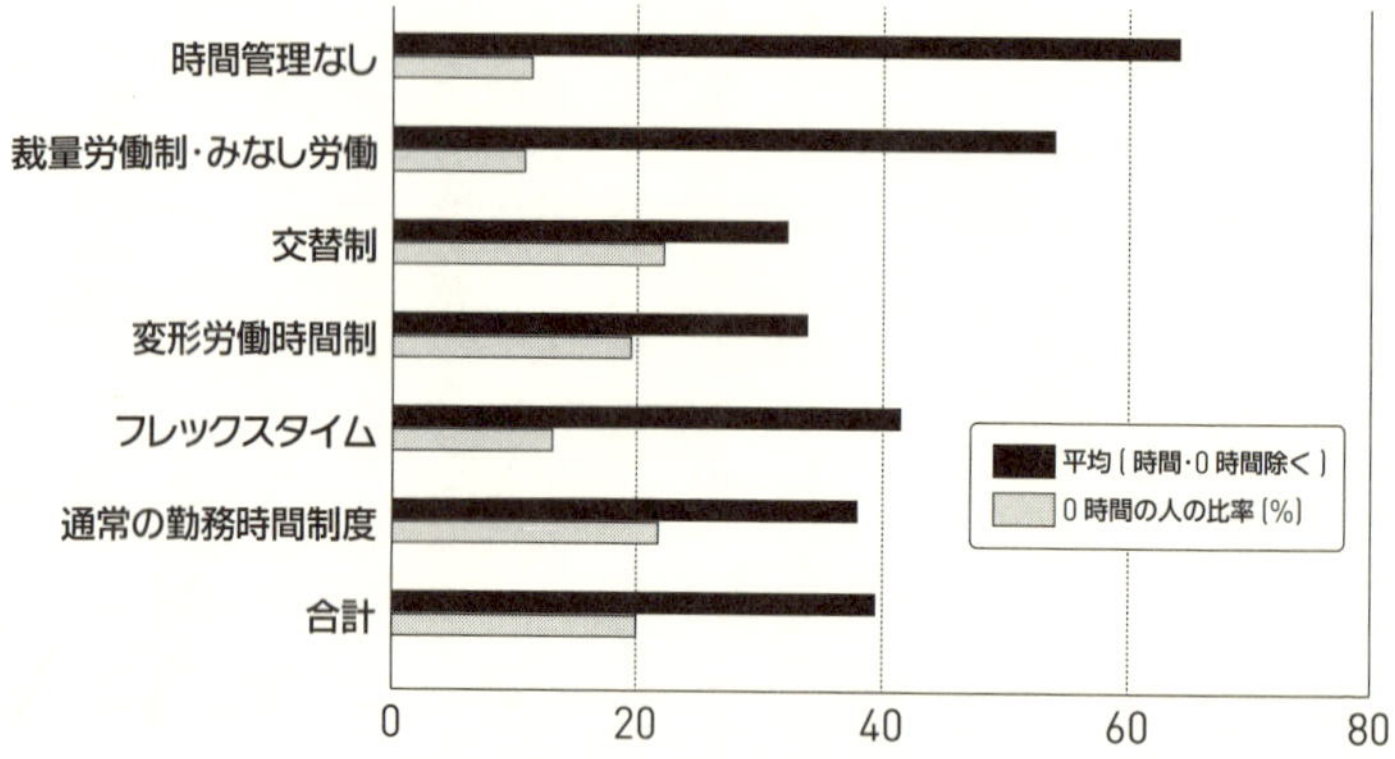

小倉一哉（2006）「ホワイトカラーの労働時間」『電機連合NAVI』No.4より筆者作成。

図1-5　勤務時間制度別にみた超過労働時間

間労働を「個人の問題」として背後に隠してしまい、実態として長時間労働を可能にするためのシステムと化すことになる。そして、このシステムは、「一日八時間労働」という、労働基準法三二条の規定、および、労働運動の出発点となった概念である「第一の八時間は仕事のために、第二の八時間は休息のために、そして残りの八時間は、私たちの好きなことのために」を過去のものへと変えてしまい、ホワイトカラー労働者の労働時間を八時間以内で管理しようとする議論を封じ込めてしまうことになるのである。

このようにみてくると、労働時間のフレキシブル化には、明らかにホワイトカラー労働者の生産性向上という、経営側の「悲願」があるとみてよい。ターゲットはブルーカラーではない。ホワイトカラーなのである。

労働基準法が前提とする労働者像はブルーカラー

労働者であった。一九四七年制定の労働基準法での労働時間に関する規定は、基本的には毎日定時に出勤して、定時に退勤する労働者を念頭に置いていた。いわば固定された時間働くという、工場労働を念頭に置いた規定であった。ところが、ホワイトカラーが増加した就業構造においては、労働基準法の労働時間規定は労働実態にそぐわないというのである。では、ホワイトカラーにそぐわないとはどういう意味なのだろうか。

一九九〇年代以降は、情報技術の高度化（ICT）とグローバリゼーションを背景に、従来までの労働給付量の増大に加えて、労働給付のタイミングを管理する必要性が強調されるようになった。企業経営の立場からは、「必要なときに」「必要な場所に」そして「必要な量」を給付できるように管理する制度、つまり、労働給付のジャスト・イン・タイム化である。固定された時間ではなく、フレキシブルな労働時間、ジャスト・イン・タイムに働かせることが可能な時間管理が求められるようになったのである。

労働法の規制緩和はそのためにこそ行なわれたのである。必要な時に、必要なところで、必要な量の仕事をさせることができるよう、労働時間のフレキシビリティが強められたのである。仕事量に併せながら柔軟に働かせることができるような法改正である。具体的には、変形労働時間制の拡大、フレックスタイム制や裁量労働制の導入などが行なわれた、一九八七年以降の数回にわたる労働基準法の労働時間規定の改正である。

弾力的な労働時間制度の普及の理由はこれだけではない。労働時間のフレキシブル化を通して、働き方の工夫をさせることで、企業の負担を高めずに労働時間の短縮を推進したいという政府のねらいもある。また企業設備の稼働率の向上の観点から、労働時間の弾力化を期待するという経営側の動きもあったと考えられる。

労働時間管理のフレキシビリティには、主に二つの方法がある。それは、変形労働時間制(労働基準法三二条)、労働時間みなし制(労働基準法三八条)である。以下、この二つに加え、ホワイトカラー・エグゼンプションが長時間労働にどのような影響をもたらすのかを検討する。

その日その時の忙しさに合わせる変形労働時間制

まずは、労働基準法三二条で定められている変形労働時間制度の説明をしておこう。

変形労働時間制度とは、「一日や一週の労働時間を業務の繁閑に合わせて変動させて、一定期間(これを変形期間)をならしてみれば、法定労働時間(一日八時間、週四〇時間)の範囲内に収めようとする制度」である。繁閑期には長時間労働をしても、閑散期には短時間労働とすることによって、結果的には労働時間の短縮につなげようとする狙いも込められているという。変形期間の取り扱い方によって、いくつかの種類に分かれる。一九八七年および一九九三年の労働基準法改定により、一ヶ月単位の変形労働時間制(三二条の二)、一年単位の変形労働時間制(三二条の四)、一週単位の非定形的変形労働時間制(三二条の五)、フレックスタイム制(三二条の三)の四種類が認められている。

一ヶ月単位の変形労働時間制は、一九四七年の労働基準法制定当初から認められていた四週間以内の変形労働時間制を拡張したものである。具体的には、一ヶ月以内の変形期間の労働時間が平均して法定労働時間である週四〇時間を超えないならば、特定の日や特定の週に、法定の八時間ないし四〇時間を超えて労働させることができる、という制度である。

一年単位の変形労働時間制は、一九九三年まで認められていた三ヶ月単位の変形労働時間制を拡張したものである。年間単位の労働時間管理をすることにより、休日を増加させようという趣旨がある。変形期間として一年以内であればどのような期間でもよく、したがって、六ヶ月単位や四ヶ月単位も可能である。

一週単位の非定型的労働時間制は、毎日の労働時間を弾力的に定めることのできる制度で、日によって忙しさが変動する業態を対象としている。法律で認められているのは、規模三〇人未満の小売業、旅館、料理店・飲食店の事業に限られている。

フレックスタイム制とは、労働者は毎日の出勤・退勤の時刻を自由に設定して働くが、コア・タイム（たとえば午前一〇時から午後三時）の間は出社している、という制度である。加えて、ある月（ある週）の実労働時間が企業の定める所定労働時間を下回っていたとしても、翌月（翌週）に長く働くことにより、一定の期間をならして、少なくとも企業の定めた所定労働時間を働けばよい、という制度である。その逆も認められる。ある月（ある週）に長く働いていれば、翌月（翌週）は短く働いてよいという制度である。ただし、労働基準法は、前者の場合の制度は認めているが、後者の場合には、企業の定める所定労働時間を超えた時間については残業手当を支給する必要があるとしている。

変形労働時間制度にせよ、フレックスタイム制にせよ、実施にあたってはその実施内容について就業規則で定めるとともに、労使協定を結ぶことが必要である（笹島芳雄『現代の労働問題（第三版）』中央経済社、二〇〇二年）。

こうした変形労働時間制は、どの程度導入が進んでいるのだろうか。変形労働時間制の種類別採用企業数割合を見ると、一九八〇年代以降から九〇年代後半にかけて、全体的に増加傾向にあったが、二〇〇〇年代に入ると、採用企業数割合は横ばいとなる。変形労働時間制自体を採用する企業数割合は、一九八八年は七％だったが、二〇〇二年に六〇・二％となりピークを迎える。しかし、二〇一四年は五五・六％と減少している。また、採用状況が高いのは一年単位の変形労働時間制（二〇一四年時点三五・四％）で、一ヶ月単位の変形労働時間制（同一七・九％）、フレックスタイム制（同五・三％）の順となっている。

変形労働時間制の適用労働者割合についてみると、一九八八年は一五・三％だったが、企業数割合同様、二〇〇二年が五〇・二％でピークとなり、その後、横ばいとなっている。適用率は、一年単位の変形労働時間制（二〇一四年二三・三％）、一ヶ月単位の変形労働時間制（同一六・九％）、フレックスタイム制（同八・三％）の順となっている。

一九八〇年代後半に変形労働時間制が導入されて以降、導入率は上昇し、ピーク時であった二〇〇二年には採用企業数割合で六〇％を超え、適用労働者数割合でも五〇％となっている。またそのなかでも一年単位の変形制が最も広く普及していることがわかる。ここで注目したいのは、フレックスタイム制の適用率がきわめて低いことである。労働者側に比較的自由度を与えるとされるフレックスタイム制ではあるが、その普及率は企業割合で五％、適用労働者でも一〇％に満たない。フレックスタイム制は、企業の人事労務管理にとってどのような意味をもつのか。

岩出博は、労働者のQWL（Quality of Working Life）を論じるなかで、このフレックスタイム制を労務管理技術としてのQWLとして紹介している。岩出は、フレックスタイム制は、「家庭生活の労働生活を従業員の個人的要求にいっそう適合させ、また、労働時間管理上の自由裁量・自己統制の拡大といった従業員の高次元欲求を充足させる施策として、高い評価が与えられている」としている（岩出博「人的資源管理の形成」奥林康司・菊野一雄・石井修二・平尾武久・岩出博著『労務管理入門（増補版）』有斐閣、二〇〇二年、第六章）。これほどの高い評価にもかかわらず、なぜ普及率は低いのか。フレックスタイム制は、残業時間が自己申告制になるため、サービス残業を生み出す恐れがあり、時間外手当のカットや節約、一日の生活サイクルの正常な維持を可能とする限界点までの労働時間の延長や、不規則化といった状況を生み出したといった批判がある（堀龍二「就業管理と労働時間」黒田兼一・関口定一・青山秀雄・堀龍二『現代の労務管理』八千代出版、二〇〇一年、第五章）。労働者への影響を別にしても、フレックスタイム制が常に最低の普及率であり、しかも上昇の気配もないことから、企業側の労働時間のフレキシブル化の目的（＝効率的に働かせる）に照らしてフレックスタイム制には限界があると推測できよう。

これに対して適用率が高い一年単位の変形労働時間制、一ヶ月単位の変形労働時間制は、労働時間のフレキシブル化に有効な方式なのであろう。変形労働時間制は、繁忙期には相当の時間外労働が生ずるが、閑散期には所定労働時間に見合うほどの業務量がない場合に、この制度の利用によって労働時間を効率的に配分することができる制度である。また、その業務の繁閑に合わせた弾力的な労働時間の配分が可能となるだけでなく、同時に時間外手当の支払いを免れ、人件費の節約もできる、企業にとって非常に都合のよい制度である。では、労働者にとってはいかなる意味をもつのか。変形労働時間制は労働者の健康や生活において絶対的に必要な時間（睡眠時間、自由時間、家庭維持のための時間など）を乱すことになってしまう。たとえ一年間の総労働時間を短縮させる可能性をもつ制度だとしても、日々の「時間」が奪われることになる。しかもこの変形労働時間制は、施行当初は、一日九時間、週四八時間という上限規制が設けられていたのだが、企業側の「利用しづらい」との要望を受けて、一九九八年に法改正され、上限は一日一〇時間、週五二時間へ引き上げられた（堀・前掲「就業管理と労働時間」）。こうして変形労働時間制は、経営側の事情に働く側の「時間」を合わせる制度であることが明らかになった。労働者から見れば「時間」が破壊され、形を変えた長時間労働を促進する制度であると言える。

労働から時間概念を追放する裁量労働制

樋口美雄は、裁量労働制に関する議論について次のように指摘している。「これまで研究・開発、取材・編集など特定の仕事を除いて、すべての労働者に所定労働時間を規定した画一的な労働時間管理がとられてきた。これに対して、ホワイト・カラーの生産性向上のために、労働時間管理より成果重視へと発想を転換し、そのときの必要量に応じて各自が働く時間を決められる裁量労働制の導入が提案され、この法的適用範囲を広げることが議論されている。しかしその一方で、こうした制度の導入により、残業手当が支払われなくなるのではないかという懸念もある」（樋口美雄『労動経済学・プログレッシブ経済学シリーズ』東洋経済新報社、二〇〇六年）。

すでに述べたように、ホワイトカラー労働の特質として、その仕事の多様性・個別性、「機械化」「標準化」の困難性がある。このようなホワイトカラーの業務特性に適合した労働時間管理制度とされるのが裁量労働制である。裁量労働制は、弾力的労働時間制のなかでも最も自由な勤務管理が認められている。極端な場合、一日一時間だけ働いても「みなし」時間分（たとえば九時間）働いたとみなされるし、逆に一日一六時間働いても「みなし」時間分（たとえば九時間）だけ働いたとみなされてしまうのである。このきわめて特異な特徴をもつ裁量労働制は、変形労働時間制よりさらにフレキシブル化した制度といえよう。

裁量労働制度は、一定の条件を前提としたうえに成り立つ制度である。それは、外部が（たとえば上司）から他律的に指示・管理されなくても、労働者が内発的に動機づけて働くであろうということだ。さらには、自分で自分にあった勤務形態をつくり出し、自分の仕事を管理することさえも想定しているといえる。まるで芸術家や小説家、自営業種を彷彿とさせる規定であるが、このような虚構のうえに作られた制度である。世界的にみてもこのような法律をもった国はなく、「日本に特徴的」な制度なのである。

本来、みなし労働時間制とは、企業外で働くセールスマンのように、労働時間の算定や管理の困難な職務に従事する労働者の労働時間を一定の基準で算定する制度であるが、その事業所外労働に対する「みなし労働」に、新たに裁量労働という「みなし労働」が付け加わったのである。つまり、現在はみなし労働時間制には事業場外労働と裁量労働の二種類がある。

事業場外労働のみなし労働時間制は、主として企業の外で活動することの多い営業社員に適用される制度であるが、このような業務では労働時間を把握することが困難であるため、二つの「みなし」を行なう。一つは、原則として所定労働時間労働したものと「みなす」こと、もう一つは業務遂行上、残業が必要であれば、その必要とされる時間を労働したものと「みなす」というものだ。

もう一つの「みなし労働」＝裁量労働制の対象となるのは、研究開発職務など、業務の性質上、その職務遂行の手段や時間配分を大幅に労働者本人の自由裁量に委ねる必要のある業務である。そうした質の高い高度の知的業務においては、上司による業務の具体的指示は相応しくないとされ、労使協定で定めた時間を労働したものとみなそうというわけである。

一九八八年から施行された裁量労働制はこのような業務を想定したものであり、適用できる業務は次の六業務に限定された。①新商品や新技術に関わる研究開発、②情報処理に関わるシステムエンジニア、③新聞・出版・放送の取材と編集、④デザイナー、⑤放送・映画のプロデューサーとディレクター、⑥中央労働基準審議会の議を経て労働大臣の指定する業務。ところが一九九七年に、この⑥の労働大臣の指定する業務が拡大され、①コピーライター業務（広告、宣伝等に係る文章案の考案業務）、②公認会計士の業務、③弁護士の業務、④一級建築士の業務、⑤不動産鑑定士の業務、⑤弁理士の業務、が指定されたのである。

しかし、労働時間をめぐる規制緩和はこれに止まらなかった。一九九九年には、適業業務が拡大され、企画型業務に対しても裁量労働制の適用が可能となったのである。具体的には、本社など事業運営上の重要な決定が行なわれる事業所における企画、立案、調査、分析の業務である。

労働組合など多くの反対もあって、企画型業務に裁量労働制を実施するには、事業所に労使委員会を設置し、労使委員会で対象業務、対象者の範囲、労働したとみなされる時間を決議し、その決定を労働基準監督署に届けることが義務づけられた。また対象労働者が裁量労働制を希望しないときには、裁量労働を適用することはできないとされた。実際に、裁量労働制を導入している企業では、一日に一時間出勤すればそれでよいという企業もみられるという。しかし、裁量労働制が適用されるような業務では、どの企業も一様に、労働時間量よりも業務の成果が重要視されていることはいうまでもない。

こうしたみなし労働時間制はどの程度導入が進んでいるのか。みなし労働時間制の種類別採用企業数割合を見ると、一九九〇年代から二〇〇〇年代にかけて増加傾向にある。二〇〇五年にその導入企業数割合は一一・四%とピークを迎え、その後〇九年にかけて減少したが、また微増し一四年時点で一一・三%となっている。みなし労働時間制の採用企業数割合を高い順にみていくと、事業場外みなし労働時間制（二〇一四年時点九・二%）、専門業務型裁量労働制（同三・一%）、企画型裁量労働制（同〇・

八%）の順となっている。制度導入後の導入企業数割合は、事業場外みなし労働時間制が七〜一〇%の間を、専門業務型裁量労働制は一〜三%の間を、企画型裁量労働制は一%前後を推移している。

それでは適用労働者はどの程度だろう。みなし労働時間制の種類別適用労働者数割合をみると、採用企業数割合と同様、一九九〇年代から二〇〇〇年代かけて増加傾向にあるものの、二〇〇五年に一一・五%とピークを迎えた後〇九年にかけて減少し、近年再び微増し一四年時点で一一・三%となっている。みなし労働時間制の種類別適用労働者数割合を高い順にみていくと、事業場外みなし労働時間制（二〇一四年時点九・二%）、専門業務型裁量労働制（同三・一%）、企画型裁量労働制（同〇・八%）の順となっている。事業場外みなし労働時間制適用労働者数割合は、三〜七%の間を、専門業務型裁量労働制は〇〜一・五%の間を、企画型裁量労働制は〇〜〇・五%前後を推移している。

ここまで、みなし労働時間制の概要、意味、導入状況についてみてきた。確かに、本来の目的に見合った条件がそろったなかでこの制度が運用されるならば、働く側に働きやすさをもたらす可能性がないわけではない。しかし、当人の「裁量」で労働時間を決められるような環境で働ける労働者はどれほどいるのだろうか。裁量労働制の運用状況をみると、必ずしも適切な運用がなされているとはいえないのが現実だ。

このみなし労働時間制のもつ意味について、使用者に課せられた実労働時間の把握という法的義務を事実上免除するものであり、裁量労働制は実労働時間と賃金との結びつきを切断する、との指摘もある。

建前の「みなし」「裁量」とその現実の姿の乖離に焦点を当てて、裁量労働制・みなし労働制の現実の姿に迫るのが小倉一哉である。小倉の分析によれば、裁量労働制・みなし労働制における月間のサービス残業は平均で三八・四時間と、通常の労働時間制度の平均三〇・二時間を約八時間上回っているという。その理由は、裁量労働制の対象者は、いわゆる専門職であり、「何時間働いたかは関係ない。どのくらいのアウトプットを生み出したかである」ことを建前とした成果主義の対象者であることが多いためだ。求められるアウトプットを生み出すために、非常に長い労働時間を費やしている人が多いのである（小倉・前掲『エンドレス・ワーカーズ』）。

熊沢誠は、ホワイトカラーでは唯一「稼ぐ」部門とみなされている営業職、セールスマンの働きすぎは、なかば強制的・なかば自発的に決められるノルマの大きさに規定されているとする。ノルマのありようを問わない裁量労働制の導入は、作業量・ノルマと働きすぎとの関係をむしろ不可視にすると指摘する。さらには、「それはサービス残業の告発を宙に浮かす企みという側面さえ備えているといえよう」と主張している（熊沢誠『能力主義と企業社会』岩波書店、一九九七年）。

こうしてみると、裁量労働制は労働時間のフレキシブル化というよりは、ホワイトカラーの労働から「時間」概念を追放する人事労務管理であるといえよう。時間概念を追放することで長時間労働を隠蔽するだけに止まらず、労働者自らが仕事の状況に合わせて何時間でも働くことが強制されることになるのである。

もはや、ホワイトカラー労働者にとっての労働時間は、本来あるべき「一日八時間労働」を優に越え、労働時間概念が消失する一歩手前まで来ている。一歩手前というのは、その先にホワイトカラー・エグゼンプションという究極の「労働時間」追放の管理制度が構想されているからである。先にみたように、みなし労働時間制、裁量労働制を採用している企業が、実際にはそれほど多くないことがわかった。こうした状況について、経営者側からは制度採用の条件が厳しすぎるという批判が出ている。こうした経営側の不満から、二〇〇五年以降、より柔軟な働かせ方を目指し、ホワイトカラー・エグゼンプションの導入をめぐる議論が、繰り返されてきた。そしてついに、第二次安倍政権によって、いよいよ導入に向けて具体的に動き出した。しかし、ここまで見てきた職場の人事労務管理の実態からは、ホワイトカラー・エグゼンプションが「多様で柔軟な働き方を可能にするため」の制度であるとは考えにくい。今後、ホワイトカラー・エグゼンプションをめぐる議論に注目していく必要があるだろう。

ただし現行法でも「労働時間」概念を完全に葬り去った働かせ方があることを忘れてはならない。「名ばかり管理職」と呼ばれているものである。

命をも脅かす名ばかり管理職問題

裁量労働制の活用と適用範囲の拡充については、「新日本的経営」のなかでも触れられている。そこでは、「最近ホワイトカラーの働き方や生産性の問題がクローズアップされ、それが企業経営や従業員の勤労意欲、ゆとり・豊かさといった面で極めて重要になってきいている。すでに一部の企業では、法律に認定されている五業務に準拠して、法に抵触しない範囲で労使協定等、裁量労働的な仕組みを考え、それを拡張していく動きにあり、法的見直しが世の中の動きに遅れている感さえ強まっており、適用業務の急速な見直しが求められている。裁量労働制の運用は賃金の成果重視の動きを促進し、従業員、企業の活力を高めている」とされている。

しかし、現行の労働基準法にも時間規制の適用除外制度がある。それは、労働基準法四一条二号に定められている管理・監督者への適用除外規定である。現在、この管理・監督者への適用除外規定をめぐり、注目されているのが、「名ばかり管理職」問題である。労働政策研究・研修機構が労働時間管理の国際比較を行なった調査報告書で指摘されるように、日本の管理監督者の範囲は、労働基準法上はアメリカよりもかなり狭い（労働政策研究・研修機構『諸外国のホワイトカラー労働者に係る労働時間法制に関する調査研究』独立行政法人労働政策研究・研修機構、二〇〇五年）。「名ばかり管理職」問題とは、従業員に呼称上「店長」などの肩書を与えることで、労働基準法で労働時間管理の規制外となる管理・監督者を装うことである。その目的は、彼らを残業手当の支払い対象から除外することにある。

この問題が社会的に注目を浴びたのは、二〇〇八年に判決が下されたマクドナルド裁判である。判決の結果、東京地方裁判所は、日本マクドナルド社に対し、店長は非管理職であるとし、残業代の支払いを命じた。この裁判は、店長が残業代を払う必要のない管理職かどうか、という点で注目を集めたものであった。

しかし、濱口桂一郎は、残業代の問題ではなく、いのちが問題となっている点を強調する。「月百三

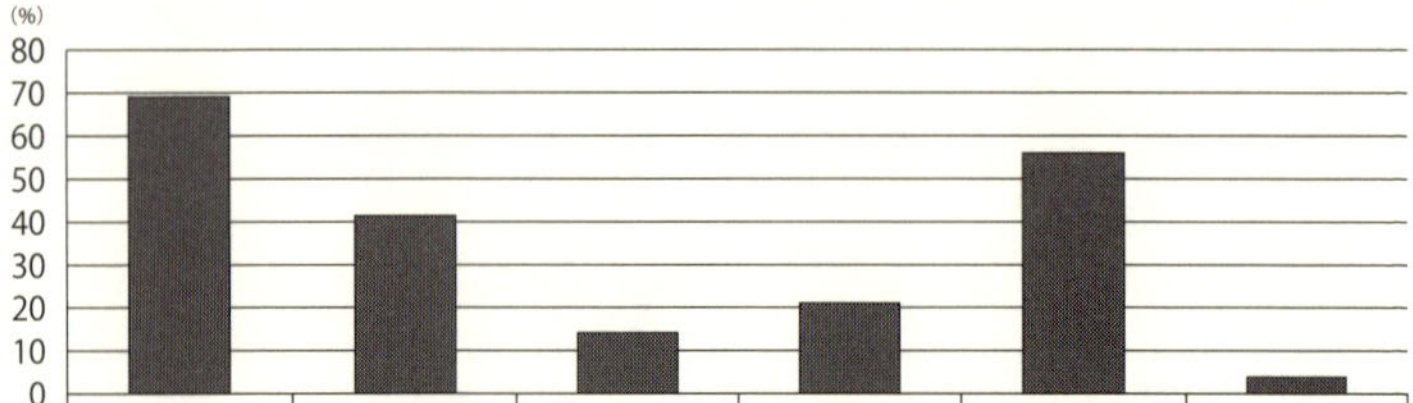

残業代を支払わないことで企業が人件費を抑制するため	企業が法定労働時間を超える長時間労働をさせるため	企業経営の効率化が進んで仕事がマニュアル化しているため	非正規雇用の労働者が増えたために正社員の部下が減っているため	管理職も現場で一般職と同じように仕事をすることが増えているため	その他
69.1%	41.4%	14.1%	21.0%	56.0%	3.9%

HNK「名ばかり管理職」取材班（2008）より筆者作成。

図1-6 「名ばかり管理職」が生まれる背景

十七時間、休日ゼロ」という状態のなかで、当時マクドナルドの店長を務めていた原告は、医師から脳こうそくの可能性を指摘され、命の危険も感じるようになっていたという（濱口桂一郎『新しい労働社会――雇用システムの再構築へ――』岩波新書、二〇〇九年）。

命をも脅かす「名ばかり管理職」問題の背景に何があるのか。ＮＨＫ「名ばかり管理職」取材班は、名ばかり管理職問題を受け、管理職一〇〇〇人に対してアンケート調査を行なった（図１－６）。名ばかり管理職問題が発生する要因の第一位として「残業代を支払わないで企業が人件費を抑制するため」（六九・一％）が挙げられている。この結果は、「残業が多いと人件費が増えるため、残業代のいらない管理職を増やしている」（三〇代女性、金融業）、「給料の少ない分を、役職を与えるという名誉欲で補おうとしている（四〇代男性、小売業）、「人件費削減で人を減らしているのに、仕事量は変わらないため、管理職が長時間労働をしなければならない状況に追い込まれている」（四〇代男性、製造業）といった現場の状況を反映したものといえよう（ＮＨＫ「名ばかり管理職」取材班『名ばかり管理職』ＮＨＫ出版生活人新書、二〇〇八年）。

八代充史は、「名ばかり管理職」問題は、従業員に呼称上「店長」などの肩書を与えることで、労働基準法で労働時間管理の規制外となる管理・監督者を装い、彼らを残業手当の支払い対象から除外するという企業の意図から生じるが、それだけが問題の要因ではないという。単に人件費コスト削減圧力に止まらず、日本企業の人事管理とも密接にかかわっていると指摘する。日本企業において、管理職と非管理職の線引きが、必ずしも個々の仕事について「これは管理職、これは非管理職」という形では決められてはいない点に大きな問題があるという。「役職」や「資格」といった人事制度の運用が背景要因となっていることを指摘する（八代充史「なぜ『名ばかり管理職』が生まれるのか」日本労働政策研究・研修機構『日本研究労働雑誌』五八五号〈二〇〇九年〉三八－四一頁）。

「名ばかり管理職」の問題は、残業代を支払うことなく人件費を削減しようとする企業側の意向を、「管理職」か否かがはっきりしない日本の人事労務管理が支えるという構造となっている。この構造こそが、管理・監督者という肩書で「労働時間」概念を消し、命を削る長時間労働を発生させているのである。

「労働時間」概念が消えることで、どのような事態が発生するのか。「名ばかり管理職」問題は私たちに問いかけている。これまでの日本の人事労務管理、労働時間管理が、命をも削る長時間労働を発生させるのであれば、「労働時間」概念を復活させ、労働者の命を守る労働時間管理が必要である。

3 懸命な努力が報われない企業の「働かせ方」

ここまで、人事労務管理のフレキシブル化について、①人数、②スキルレベル、③労働強度、④労働時間についてみてきた。これら四つのフレキシブル化によって完成される「新日本的経営」は、正規ホワイトカラー労働者の長時間労働問題を招いている。

「だらだら仕事をしているから、労働時間が長い」と言われることがあるホワイトカラー労働者だが、現実はそうではない。懸命に仕事をしているのにもかかわらず仕事が終わらない。労働強度を増しても労働時間は短くならないのである。こうした状況を生み出す根源は、成果主義人事にある。「成果を挙げなければ処遇が低くなる」成果主義は、際限なく、成果目標を引き上げていくように作用する。それに向かって、さらに労働強度を上げ、フレキシブル化された労働時間制度のもとで、長時間働くように「自発性が強制される」ことになる。こうして、労働時間の短縮に結び付かない労働強化が生まれてくる。

人事労務管理のフレキシブル化は、働く側の負担を増大させ、長時間労働問題を深刻化させた。このように、現在の日本における人事労務管理のフレキシビリティは、ホワイトカラー労働者の懸命な努力が企業の競争力を強化させるが、その努力が労働者の側に還元することはない。企業の競争力が強化されながら、労働者は長時間労働に駆り立てられることとなる。

第2章 労働時間の実態とその影響

本章では、日本の長時間労働の実態と要因を明らかにしたい。はじめに、国際比較を通じて日本の労働時間が長いことを確認する。次に、日本の労働時間に焦点を絞り、その年次別推移とその特徴をみる。日本の労働時間の特徴の一つに、所定外労働時間が長いことがあげられているが、その実態をみた後、サービス残業の実態についても明らかにする。そのうえで、日本の所定外労働時間が長い原因を明らかにしていく。最後に長時間労働が労働者に及ぼす負の影響の実態について考えていく。

1 世界からみる日本の労働時間

(1) 先進国を代表する長時間労働大国日本

日本の労働時間は、国際的にみてどのような位置にあるのか。図2－1は、日本、アメリカ、イギ

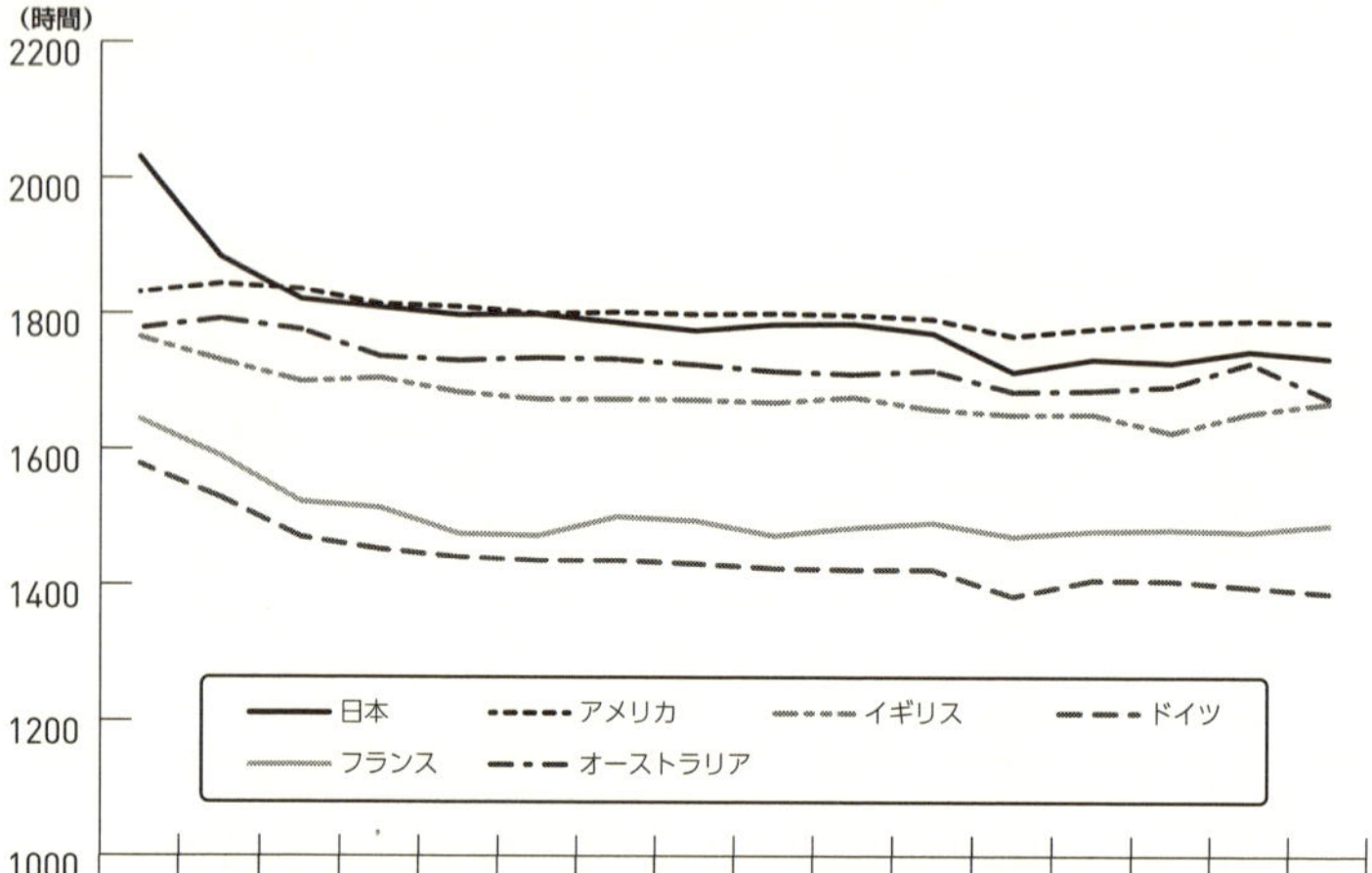

	1990	1995	2000	2001	2002	2003	2004	2005	2006	2007	2008	2009	2010	2011	2012	2013
日本	2,031	1,884	1,821	1,809	1,798	1,799	1,787	1,775	1,784	1,785	1,771	1,714	1,733	1,728	1,745	1,735
アメリカ	1,831	1,844	1,836	1,814	1,810	1,800	1,802	1,799	1,800	1,798	1,792	1,767	1,778	1,787	1,790	1,788
イギリス	1,765	1,731	1,700	1,705	1,684	1,674	1,674	1,673	1,669	1,677	1,659	1,651	1,652	1,625	1,654	1,669
ドイツ	1,578	1,529	1,471	1,453	1,441	1,436	1,436	1,431	1,424	1,422	1,422	1,383	1,407	1,406	1,397	1,388
フランス	1,644	1,590	1,523	1,514	1,476	1,473	1,501	1,495	1,473	1,485	1,492	1,472	1,480	1,482	1,479	1,489
オーストラリア	1,778	1,792	1,776	1,737	1,731	1,735	1,733	1,725	1,715	1,711	1,716	1,685	1,687	1,693	1,728	1,676

労働政策研究・研修機構（2015）「データブック国際労働比較（2015年版）」より筆者作成。

図2-1　1人当たり平均年間総実労働時間

リス、ドイツ、フランス、オーストラリアの一人当たり平均年間総労働時間を示したものである。

　日本の総労働時間は、一九九〇年、九五年時点において、アメリカ、イギリス、ドイツ、フランス、オーストラリアと比較して、一番長かった。二〇〇〇年代以降は、アメリカよりも総労働時間が短いとはいえ、一三年時点において、アメリカとの差はわずか年間三三時間の差であり、イギリスよりも六六時間、ドイ

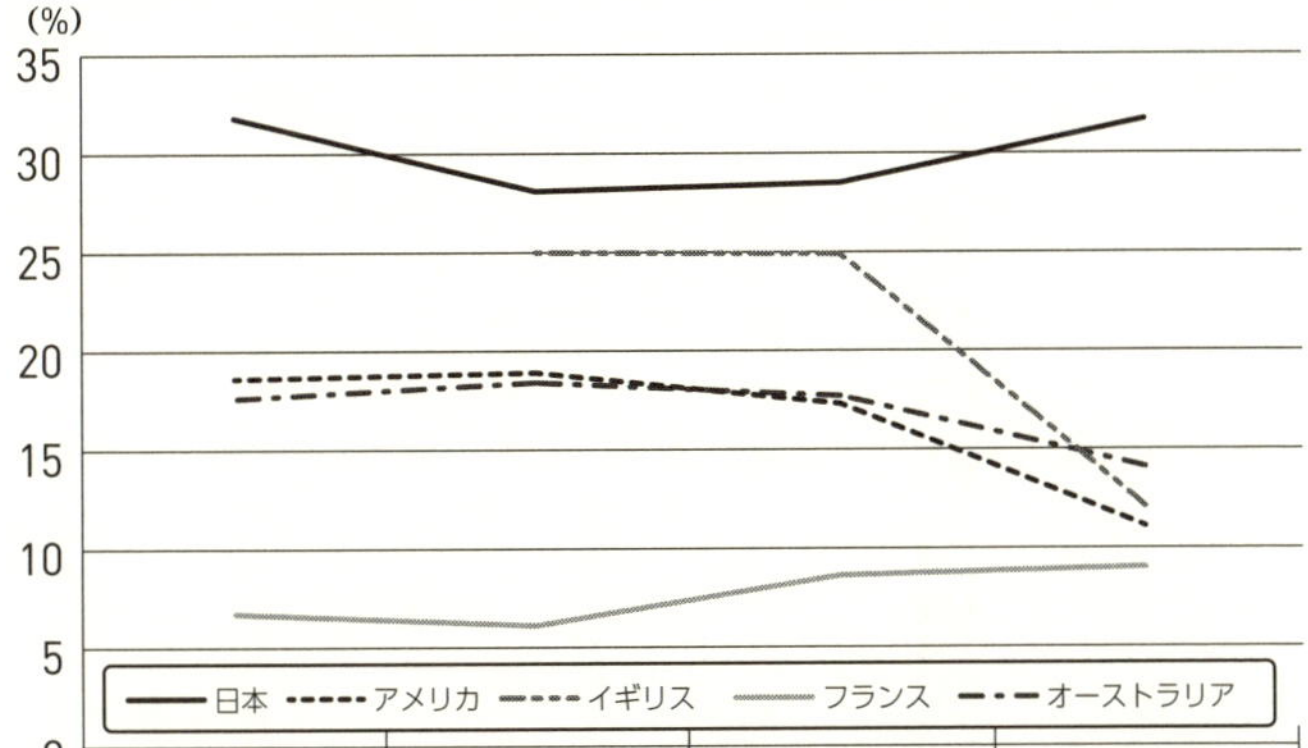

	1995年	2000年	2004−05年	2011年
日本	31.8	28.1	28.5	31.7
アメリカ	18.6	18.9	17.3	11.1
イギリス		25.0	24.9	12.1
フランス	6.7	60.1	8.6	90
オーストラリア	17.6	18.4	17.7	14.1

労働政策研究・研修機構（2015）「データブック国際労働比較（2015年版）」より筆者作成。

図2-2　長時間労働雇用者の割合（%）

ツよりも三四七時間、フランスよりも二四六時間、オーストラリアよりも五八時間長い。

このように日本の労働時間は、先進国のなかでは長い部類に入る。世界屈指の先進国である日本の労働時間は、先進国に相応しいとはとても言えない状態である。また、このデータには、労働時間が短い非正規雇用労働者も含まれていることに留意しなければならない。この長時間労働の実態は、国際的に見て、どのような位置にあるのだろうか。詳しくみていきたい。

（2）ダントツで高い長時間労働者比率

図2－2は、日本、アメリカ、イギリス、フランス、オーストラリアを対

象に、長時間働く雇用労働者の割合を示したものである。

日本よりも比率は低いものの、アメリカ、オーストラリア、イギリスでも長時間労働者比率は高い。また、一九九〇年代から二〇〇〇年にかけて、アメリカ、オーストラリアで長時間労働者比率が増加したことからも、長時間労働者の問題は、一部を除く先進国共通の現象であるといえそうである。しかし、日本の長時間労働者の比率の高さは、ほかの国に一〇％以上の差をつけて、一位である。第1章でみたように、日本では、一九九〇年代以降、非正規で働く人の割合が増えた。そのことが影響し、一九九五年から二〇〇〇年にかけて、長時間労働者比率が一度減少するものの、二〇〇〇年代に入り再び増加傾向にある。

国際比較を通じ、日本の総労働時間が長いこと、長時間労働者の比率が高いことが確認できたが、後述するように、それらに加えて、所定外労働時間（残業等の労働時間）が恒常的に存在すること、残業割増手当が支給されない、いわゆる「サービス残業」の存在することを忘れてはならない。

2 戦後の経済優先型労働時間規制

なぜ、先進諸国のなか日本の総労働時間が長いのか、長時間労働者比率が高いのか。それを解明するため、日本の労働時間政策、とりわけ労働時間短縮への労働政策の経緯をみていきたい。

労働基準法が制定されたのは一九四七年である。その際、法定労働時間は一日八時間、週四八時間を原則として定められた。また、年次有給休暇の日数は、勤続一年経過の者に六日、勤続一年を増すごとに一日追加し、最高二〇日と規定された。この水準は、戦前の工場法の規定をかなり上回ってはいたが、当時の国際的水準に相当するものであった。しかし、当時の日本の労働時間の実態は、労働基準法の水準をはるかに下回っていた。そのため、違反が続出し、制定後しばらくは、法律の浸透・定着が労働行政の課題であった。

戦後復興を経て高度経済成長に突入すると、週休制の完全実施が課題となったが、新規学卒採用の困難さがますにつれて週休制は急速に普及した。一九六〇年代前半になると、労働時間を法定より短くする企業も現れ、持続する経済成長のなか、週休二日制が議論され始めるようになる。一九六〇年策定の所得倍増計画のために設置された経済審議会賃金雇用小委員会の報告は、欧米諸国での週休二日制の普及を参考として、週四〇時間制、週休二日制の実施を目標とするよう提案した。その後、週休二日制は、一部の企業で徐々に採用され始めたが、七二年には、労働省に設置された「労働者生活ビジョン懇談会」から「週休二日制普及促進の考え方と推進策について」とする報告が出され、それに基づき行政指導が行なわれた。その後も着実に労働時間短縮は進むかにみえたが、七三年の第一次石油危機の影響とその後の不況の結果、停滞した。七九年策定の「新経済社会七ヵ年計画」や、八〇年策定の「週休二日制労働時間対策推進計画」などで、労働時間短縮の促進が図られたが、事実上は停滞したままであった。

そうしたなかで、日本の貿易収支は大幅な黒字を続けたため、各国との間で貿易摩擦が激しくなり、内需主導の成長が模索されることとなった。さらに一九八五年には、「プラザ合意」という外国からの圧力のもとで、時短が強制されたのである。こうした状況下で出された一九八六年の経済構造調整研究会の報告書（前川レポート）、および八七年の経済審議会「構造調整の指針」（新前川レポート）では、労働時間短縮が内需拡大の一方策として提案された。そこには、完全週休二日制の早期実施、年間労働時間一八〇〇時間程度への短縮等が盛り込まれていた。

こうして一九八七年は労働時間短縮としては画期的な年となった。労働省の中央労働基準審議会が週休二日制へ向けて労働基準法の改正を建議し、制定以来始めての改正がなされたのである。こうして法定労働時間は八八年より週四〇時間に改正されるとともに、年休日数は最低付与日数が六日から一〇日に引き上げられることになった。しかし、中小企業に配慮した経過措置が設けられたため、全体として週四〇時間労働制に全面的に移行したのは九七年になってからのことであった。

一九八八年、政府は九二年までに年間総労働時間一八〇〇時間程度に短縮するという「公約」を掲げた。八八年半ばからのバブル景気は、企業経営面から労働時間短縮を可能とするとともに、人手不足状況の下で、人材確保の観点からの労働時間短縮をもたらした。九二年には、労働時間短縮の環境整備を目的とした時短促進法（労働時間の短縮の促進に関する臨時措置法）が制定された。同法の内容は、政府による労働時間短縮推進計画の策定、業種団体による労働時間短縮推進への助成、時短を実施した中小企業への奨励金の支給、などである（笹島・前掲『現代の労働問題（第三版）』）。

こうした歴史的背景をもとに、図2－3にみられるように、一九七〇年代以降、長期的には総実労

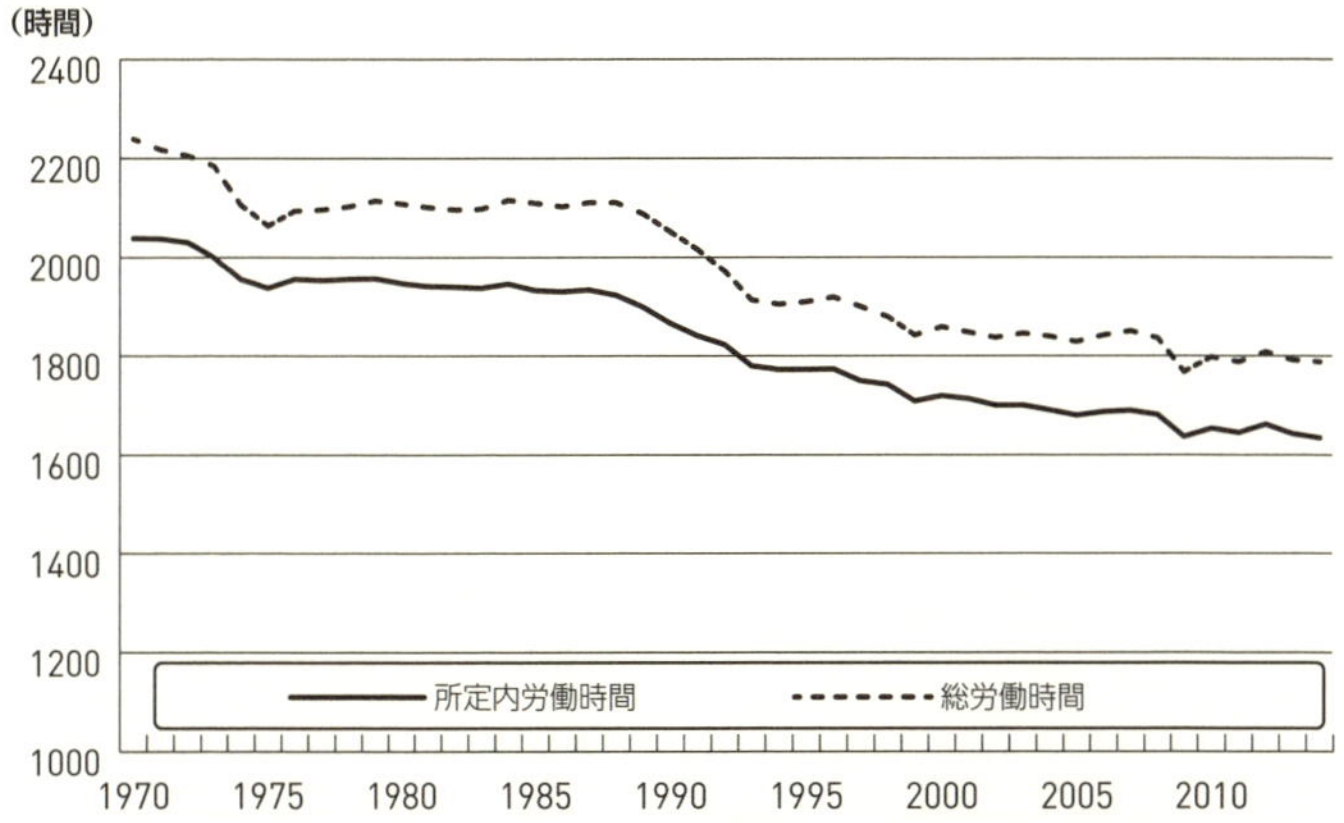

厚生労働省「毎月勤労調査」より筆者作成。
1）事業所規模30人以上（一般・パート）。
2）月間平均値を12倍して算出した。

図2-3　総実労働時間と所定内労働時間の動向

働時間、所定内労働時間ともに減少することになったのである。外見上はゆっくりとではあるが時間短縮へ向かっているように見えるが、この図2－3をみると、ある重要なことを発見できる。それは、総労働時間と所定内労働時間の差はほとんど縮まっておらず、平行移動しているということである。つまり、所定外労働時間は減少していないのである。ここに、日本の労働時間を考察する際は、単に総労働時間だけでなく、所定外労働時間にも着目する重要性が指摘できよう。所定外労働の長さによる調整こそが、日本の特徴の一つとなっているのである。

そこで所定外労働時間の推移を示した図2－4をみてみよう。ここでは、バブル経済の崩壊以降、時間外労働時間が一貫して増加傾向にあることが示されている。総労働時間と所定内労働時間をみると二つの時点で異なる傾向がみられる。その一

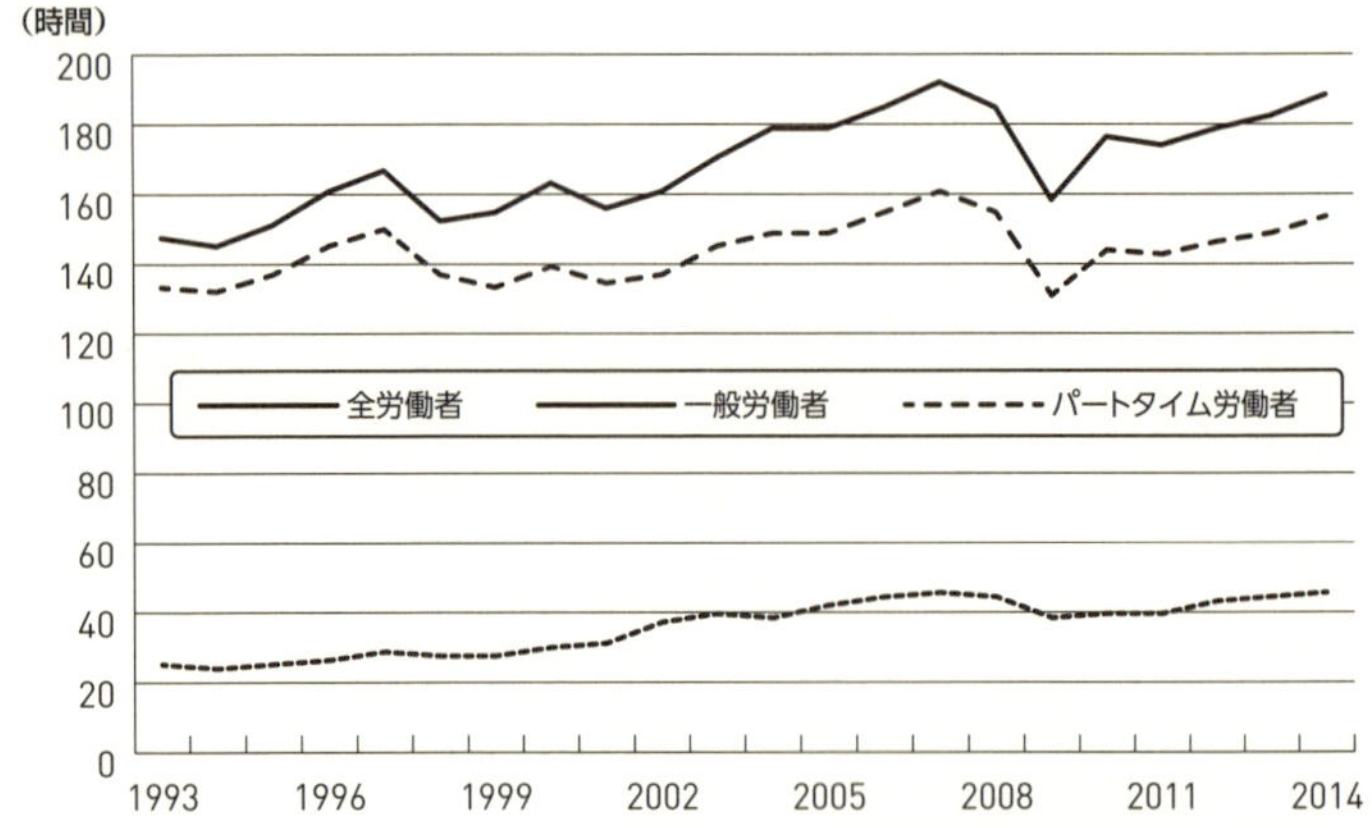

厚生労働省「毎月勤労統計」より筆者作成。
1）事業所規模30 人以上（一般・パート）。
2）数値は月間平均値を12 倍したもの。

図2-4　雇用形態別年間所定外労働時間の推移

つは、一九七〇年代後半から八〇年代前半にかけて日本経済が安定成長期にあった時期に、所定外労働時間が増加傾向にあったことを示していることである。この時期、所定内労働時間は非常に緩やかではあれ減少傾向を示したのに対して、総実労働時間は下げ止まり、ほぼ横ばいで推移している。もう一つは、日本経済が低迷を続けている一九九〇年代半ば以降の時期に、所定外労働時間は減少していないということである。この時期をみると、総労働時間と所定内労働時間はほぼ平行に推移している（浅尾裕「日本における労働時間の推移と課題に関する小論」労働政策研究・研修機構『資料シリーズ No.94 第一一回日韓ワークショップ報告書 長時間労働と労働時間の短縮施策—日韓比較』、二〇一一年、三一–四一頁）。この「平成不況」期は総労働時間も所定内労働時間もともに減少しているが、両者の幅はほとんど変化していない。ここで思い出すべきは、すでに述べた長時間労働者の存在である。所定外労働時間が減少せず、また超長時間労働者の割合が高く、それにもかかわらず総労働時間が減少していることになる。この不可解な現象の背景には、短時間労働の非正規雇用労働者が増加したことが考えられる。非正規雇用の増大の影響で総労働時間は減少したが、長時間労働者の割合が多いことを考慮に入れると、正規雇用労働者の労働時間は減少してないと結論づけることができるよう。

このようにみてくると、戦後日本の労働政策・労働行政は、先進諸外国からの圧力によって労働時間短縮政策を掲げつつも、企業側の事情を強く配慮しながら進められてきたといえよう。つまり、積極的に労働時間を短縮させるものではなく、経済優先の後ろ向きでおずおずとした時間短縮であった。国民と労働側に労働時間短縮について要望がなかったわけではないが、「時間」を取り戻すという動きはきわめて弱かったと指摘できよう。

このように現代日本の長時間労働の実態は、正規雇用労働者の所定外労働が長いことにその特徴をみることができる。そしてその所定外労働時間は一九九五年以降上昇傾向にある。景気変動の影響を受け、何度か減少するが、継続的に減少することはなく、長期的にみると高位水準のままなだらかに増加している。ここから考えられることは、所定外労働が慢性的に発生しているのは、所定外労働が景気変動による影響ではなく、企業の意識的・計画的な統制によるものではないかということである。所定外労働の増加と慢性化は、職場の人事労務管理に深く関係しているのである。第1章でみたように、日経連が新しい人事戦略として「新日本的経営」を発表したのは一九九五年であった。ここで打ち出された方針のもと、それまで正規雇用労働者の所定外労働によって景気変動に対応していた企業は、従来のやり方に加え、非正規雇用労働者を活用するようになったのである。

3　忘れてはいけないサービス残業問題

日本の長労働時間を議論する際、忘れてはならないのは、いわゆる「サービス残業」という名の「時間外不払い」労働の問題である。

(1)　日本の持病？　サービス残業

「サービス残業」の問題はいつから存在するのか。この問題を早い段階から指摘したのは、藤本武である。藤本は、賃金の支払をうけずに自分の所定労働時間以外に人の仕事を手伝ったり、機械の掃除をしたりする時間を「サービス労働」とし、「サービス残業」の存在を指摘している。そして、「サービス労働」は、ずっと以前からの慣行であったとしている（藤本武『労働時間』岩波書店、一九六三年）。その後も、数々の先行研究において、サービス残業の存在が指摘されている。たとえば、熊沢誠は、一九八八年の総評調査をもとに、ホワイトカラー層では、「サービス残業」をする人は、三九％強にのぼることを指摘する（熊沢・前掲『日本的経営の明暗』）。さらに中山森夫は、一九八〇年代のサービス残業が発生する現場の実態を生々しく伝えている。それは、ＭＥ（マイクロエレクトロニクス）合理化がもっとも進んでいる電機企業の職場において、「情報通信や開発計画部門では、月に二〇～三〇時間のサービス残業はざらで、ひどいところは月に二〇〇時間の残業をやって、手当ては七〇時間分しかつかない。また、自主管理運動でやっている研修会は、休日あるいは時間外にただでやらされているという状況がひろがっており、入社以来、土曜日も日曜日も休んだことがないという青年労働者もいる」という状況だ（中山森夫「過労死の背景とひろがり」稲木健志、上畑鉄之丞、影山秀人、堤浩一郎、中山森夫、南雲芳夫、星山輝男『過労死とのたたかい』、新日本出版社、一九八九年、第2章）。

サービス残業があること事体、大きな問題である、しかし、森岡孝二は、サービス残業の深刻性について、さらに次のように指摘した。日本の企業社会に身をおく者なら、男性だけでなく女性も、またホワイトカラーだけでなくブルーカラーも、多かれ少なかれ、早出、居残り、持ち帰り仕事、休日出勤などで所定時間外に労働しながら、残業手当を正当に支払われないサービス残業を日々経験している。それにもかかわらず、マスコミや政府機関は、日本の企業社会におけるサービス残業の蔓延を承知しながら、長らくそれを社会問題として取り上げようとはしなかった（本多淳亮・森岡孝二編著『脱「サービス残業」社会――いま日本の働き方を考える――』旬報社、一九九三年）。

一九九〇年代以降、各種調査機関がサービス残業の実態調査を始めた。そのことで、サービス残業に対する社会的関心が高まり、政府・研究機関等による実態解明が進んできている。調査方法や用いる統計データによって、ばらつきはあるものの、サービス残業は実在する問題であり、その解決を求める声が高まっている。

では実際、どれくらいの時間、どれほどの労働者がサービス残業を行なっているのだろうか。労働

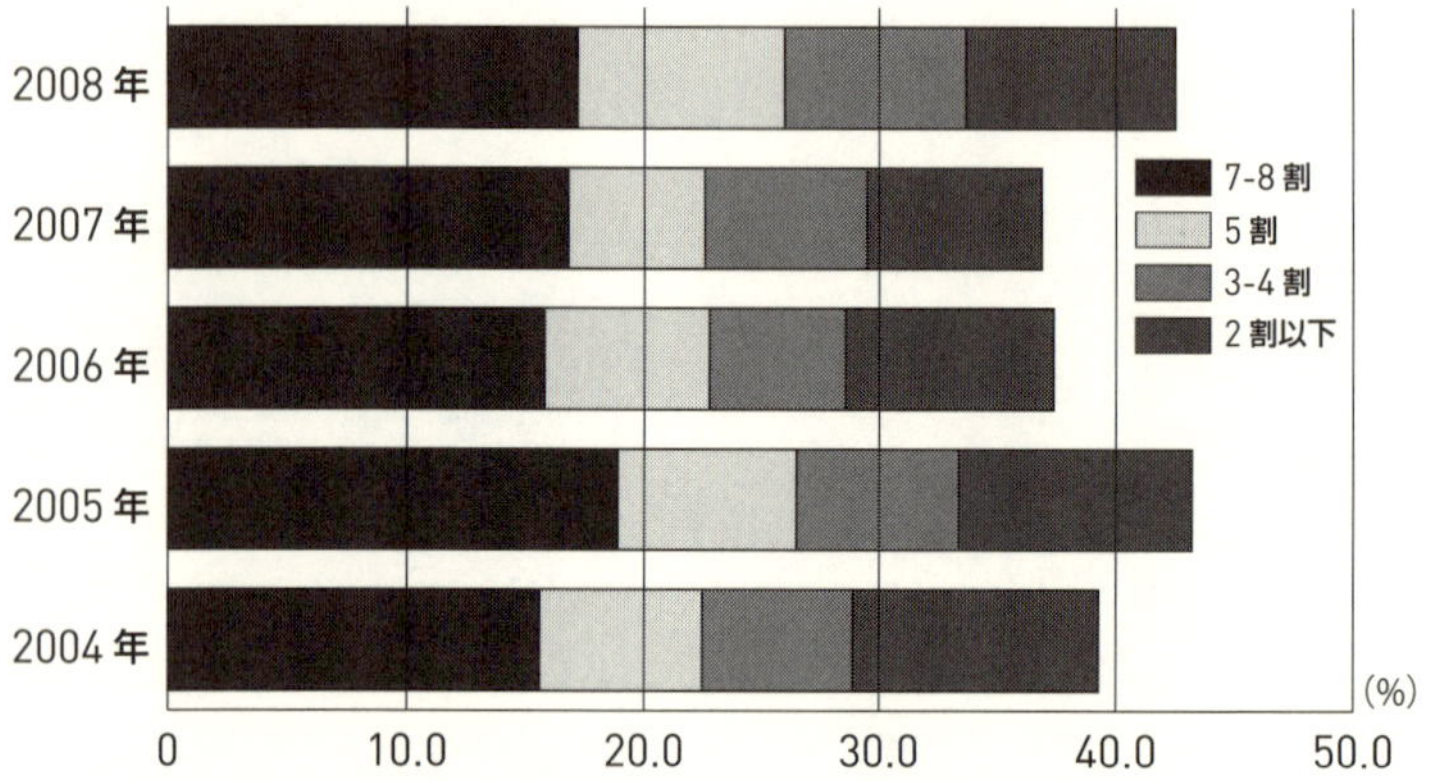

連合総合生活開発研究所「勤労者の仕事と暮らしについてのアンケート」調査報告書」筆者作成。

図2-5　サービス残業のある者の割合

政策研究・研修機構の調査によると、サービス残業を行なっている労働者の一月あたりのサービス残業時間は、三五時間程度であることが明らかにされた（労働政策研究・研修機構『日本の長時間労働・不払労働時間の実態と実証分析』独立行政法人労働政策研究・研修機構、二〇〇五年）。単純計算をすると、年間で四二〇時間のサービス残業を行なっていることになる。

さらに、連合総合生活開発研究所は、残業代が支払われた割合をもとに、サービス残業がある雇用者比率を時系列で示した（図2−5）。サービス残業従事者は、二〇〇四年は三九・三％、〇五年は四三・二％、〇六年は三七・六％、〇七年は三六・九％、〇八年は四二・五％と四割程度の水準で推移している。

これらの調査結果を総合すれば、賃金が支払われない時間外労働（＝サービス残業）は産業や規模を越えて日本企業に広く蔓延していることは明らかである。

違法行為であるだけに、その正確な実態は不明である。だが、時間数は一ヶ月当たり一〜三五時間と分散しているが、ほぼ四割程度の労働者が従事しているといえよう。

（2）労働基準監督署の規制状況と経営側の批判

こうした違法行為が明るみになれば放置はできない。厚生労働省は何度となく是正への通達を出してきた（二〇〇一年四月「労働時間の適正な把握のために使用者が講ずべき措置に関する基準」通称「四・六通達」、二〇〇三年五月「賃金不払残業総合対策要綱」通称「要綱」、および「賃金不払残業の解消のために講ずべき措置等に関する指針」通称「指針」）。

このようななかで、労働基準監督署への違法残業の告発（申告）も急増し、是正勧告、是正措置がなされることになる。労働基準監督署による是正状況は図2－6、図2－7の通りである。

結果状況をみる限り、是正はされているものの、サービス残業の撲滅には至っていない。総務省『経済センサス』によると、平成二六年における日本の企業数は三九八万三三五二、事業所数は五九五万八五五四である。労働基準監督署による「サービス残業」是正勧告の対象となる企業は、「定期監督及び申告に基づく監督等を行い、その是正を指導した結果、不払いになっていた割増賃金の支払がおこなわれたもののうち、その支払額が一企業当たり合計一〇〇万円以上となったもの」であり、二〇〇一年度から一四年度までの一三年間に是正対象となった企業数は一万六七二〇であり、全企業のほんの一部に過ぎない。

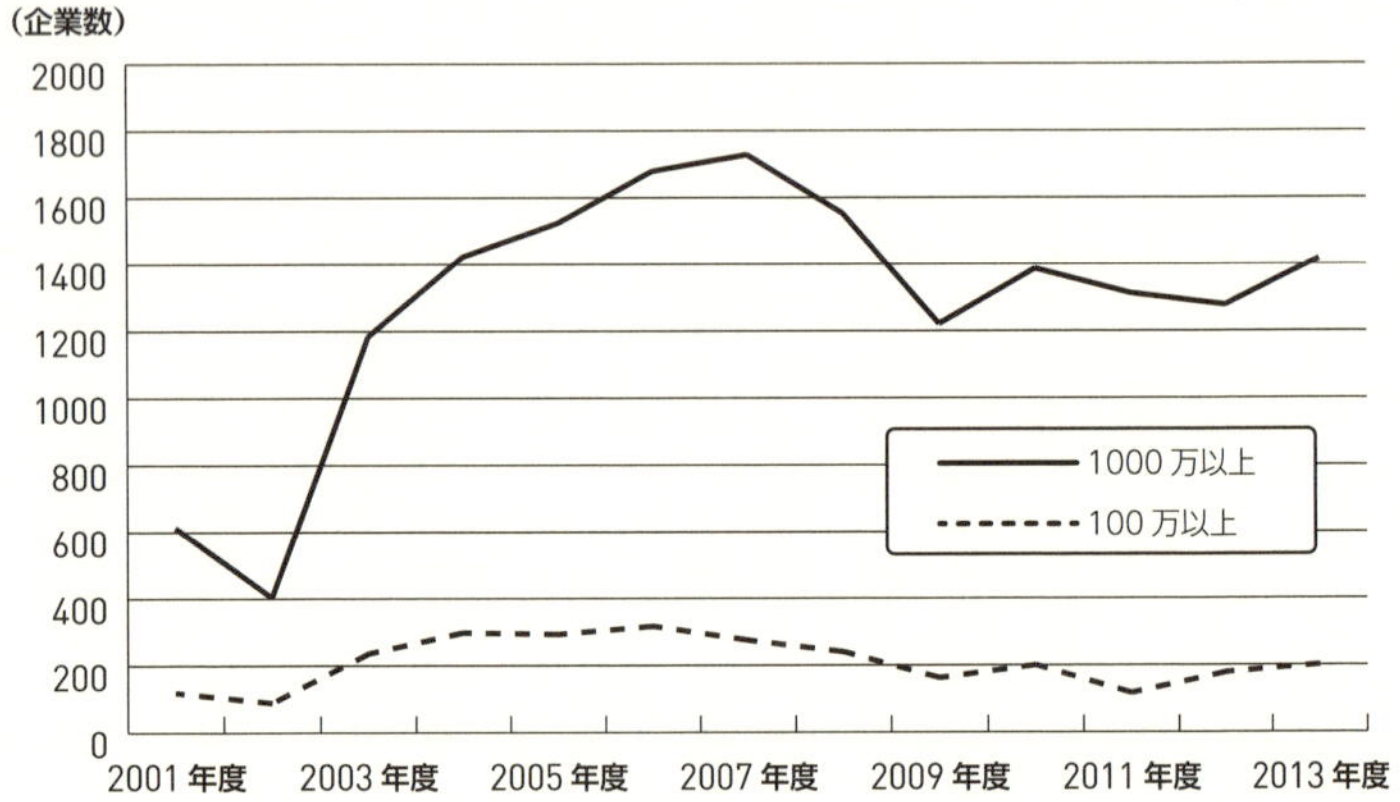

厚生労働省「監督指導による賃金不払残業の是正結果」より筆者作成。

図2-6　割増賃金の是正支払状況（企業数）

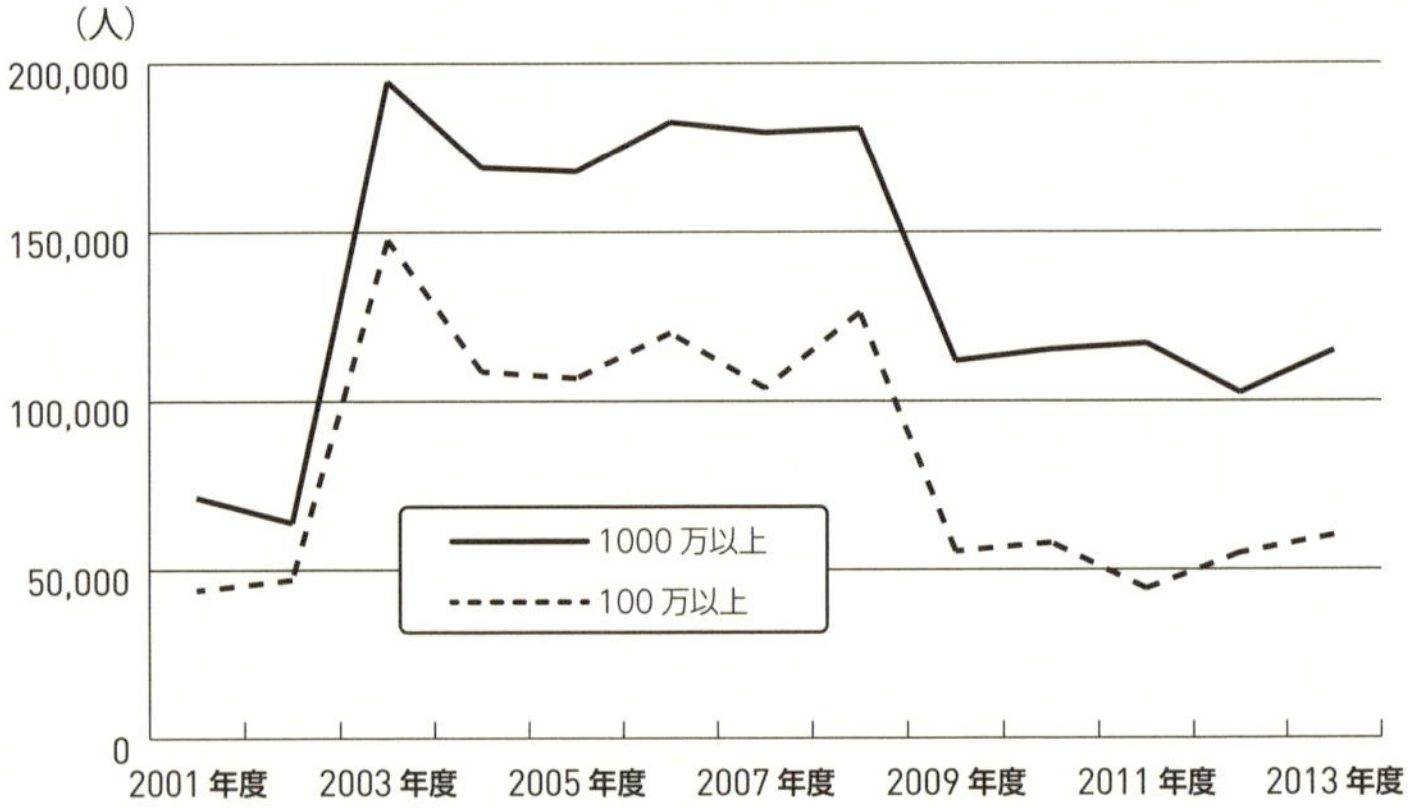

厚生労働省「監督指導による賃金不払残業の是正結果」より筆者作成。

図2-7　割増賃金の是正支払状況（対象者数）

近年、企業の社会的責任が関心を集めるなかで、コンプライアンス遵守の重要性は高まっている。サービス残業は違法であり、その根絶に向けた努力をすることが求められよう。しかし、経団連は、「行政による規制的な指導は、労働者の自律的、多様な働き方や生産性の向上、ひいては日本の企業の国際競争力の維持・強化の阻害要因となりかねない」とし、労使での取り組み経緯や職場慣行などを無視したものであるとして労働基準監督行政への批判をしている（日本経済団体連合会『二〇〇五年版経営労働政策委員会報告』日本経済団体連合会、二〇〇四年）。この経団連の主張は、企業のコンプライアンスや社会的責任が問われるこの時代において、いかがなものだろうか。

労働基準監督署の指導には限界があり、経営側の取り組み姿勢はサービス残業根絶へ向けて意欲があるとは言い難い。サービス残業根絶のためには、やはり働く側からの職場の実態に根差した継続的かつ積極的介入が必要である。

4 なぜ長時間労働は発生するのか?

ここまで、長時間労働の実態についてみてきた。では、なぜ長時間労働が発生するのか。この問いに対し、どのような議論が行なわれてきたのか。たとえば、鶴幸太郎は、個々の労働者の労働供給決定という視点から、「自発的」長時間労働と「非自発的」長時間労働に区別し、長時間労働の要因を考察している。鶴が、自発的要因として挙げているのは、「仕事中毒」、「金銭インセンティブ」、「出世願望」、「人的資本の回収」、「プロフェッショナリズム」である。非自発的要因として、彼が指摘するのは、「市場の失敗」、「職務の不明確さと企業内コーディネーションによる負担」、「雇用調整のためのバッファー確保」、「自発的長時間労働者からの負の外部性」である（鶴幸太郎「労働時間改革：鳥瞰図としての視点」鶴光太郎・樋口美雄・水町勇一郎編著『労働時間改革―日本の働き方をいかに変えるか―』日本評論社、二〇一〇年、第一章）。長時間労働の要因を「自発的」なものと「非自発的」なものに分けて考察を加えているが、たとえば「仕事中毒」や「出世願望」を果たして「自発的」とみなすことが妥当なのだろうか。後述するように、熊沢誠が指摘する「強制された自発性」と考えた方が実態に近いだろう。こうした「強制された自発性」を構造化させた人事労務管理とはいかなるものなのか。

日本労働政策研究・研修機構は、企業側、労働者側から要因解明を試みている（日本労働政策研究・研修機構『経営環境の変化の下での人事戦略と勤労者生活に関する実態調査』独立行政法人労働政策研究・研修機構、二〇〇七年）。

企業に「長時間労働者が発生するのはどのような要因からだと思うか」という質問をしたところ、「所定内労働時間では対応できない仕事量だから」を挙げた企業が約五割（四七・六％）と最も高い割合であった。次いで、「事業活動の繁閑の差が大きいため」（三八・四％）、「突発的な業務がしばしば発生するから」（三六・三％）、「仕事の性格上、残業屋休日出勤などでないとできない仕事であるから」（三二・五％）、「取引先との関係で、時間を合わせる必要があるから」（二九・五％）、「最近の人員削減により、人手不足だから」（二三・三％）、「組織又は個人の仕事の進め方に無駄が多いから」（一六・二％）の順であった（図2－8）。

次に、所定外労働や深夜・休日出勤が「ある」と回答する従業員にその理由を聞いたところ、「所定労働時間内では片付かない仕事量だから」を挙げる割合が六割弱（五七・二％）と最も高く、次いで「突発的な業務がしばしば発生するから」（四五・九％）、「最近の人員削減により、人手不足だから」（二〇・三％）、「取引先との関係で、時間を合わせる必要があるから」（一八・八％）、「事業活動の繁閑の差が大きいから」（一六・五％）であった（図2－9）。

企業調査、従業員調査ともに、「所定内では片付かない仕事量だから」とする回答が一番高い割合で挙げられている。企業側が約五割（四七・六％）、従業員側が六割弱（五七・二％）と認識に若干の差があるが、重要なことは労使が共に「仕事量の多さ」を一番にあげていることである。所定外労働の発生要因として、「仕事量の多さ」を確認しておくべきであろう。

これらの調査結果から、所定外労働の理由についてクロス集計結果を行なった結果、「業務量が多い」という回答が、総労働時間の長さと比較的高い相関関係にあることが明らかになっている。「残業代を稼ぐために所定外労働をする」といった説がみられるが、それが「常識のウソ」であることは明らかである。日本の長時間労働は、「業務量が多い」ことが大きな要因なのである。

しかし、なぜ労働者は、この多すぎる業務量をこなさなければならないのだろうか。この点について熊沢誠は、集団（チーム）ノルマと個人ノルマに分けて、過重ノルマ問題として分析している。ホワイトカラーの場合は、さらに状況が厳しくなることを熊沢誠は次のように描写する。

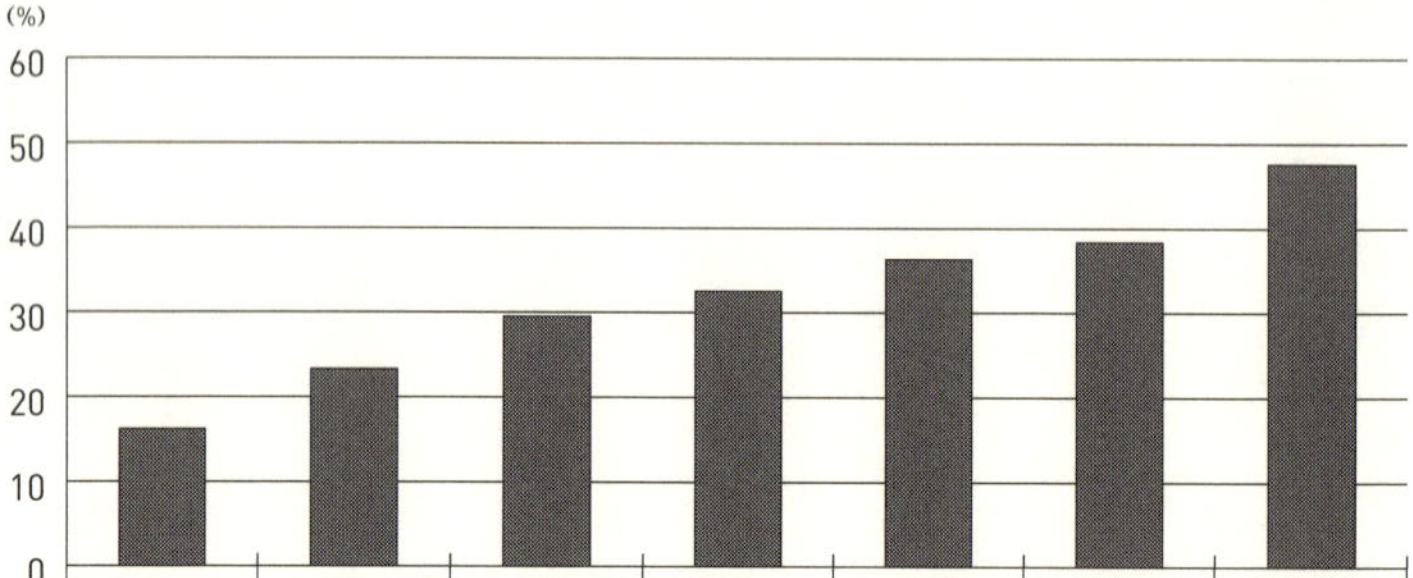

組織又は個人の仕事の進め方にムダがおおいから	最近の人員削減により、人手不足だから	取引先との関係で、時間を合わせる必要があるから	仕事の性格上、残業や休日出勤などでないとできない仕事であるから	突発的な業務がしばしば発生するから	事業活動の繁閑の差が大きいため	所定内労働時間では対応できない仕事量だから
16.2%	23.3%	29.5%	32.5%	36.3%	38.4%	47.6%

労働政策研究・研修機構（2007）より筆者作成。

図2-8　長時間労働者が発生する要因（複数回答）（経営者側回答）

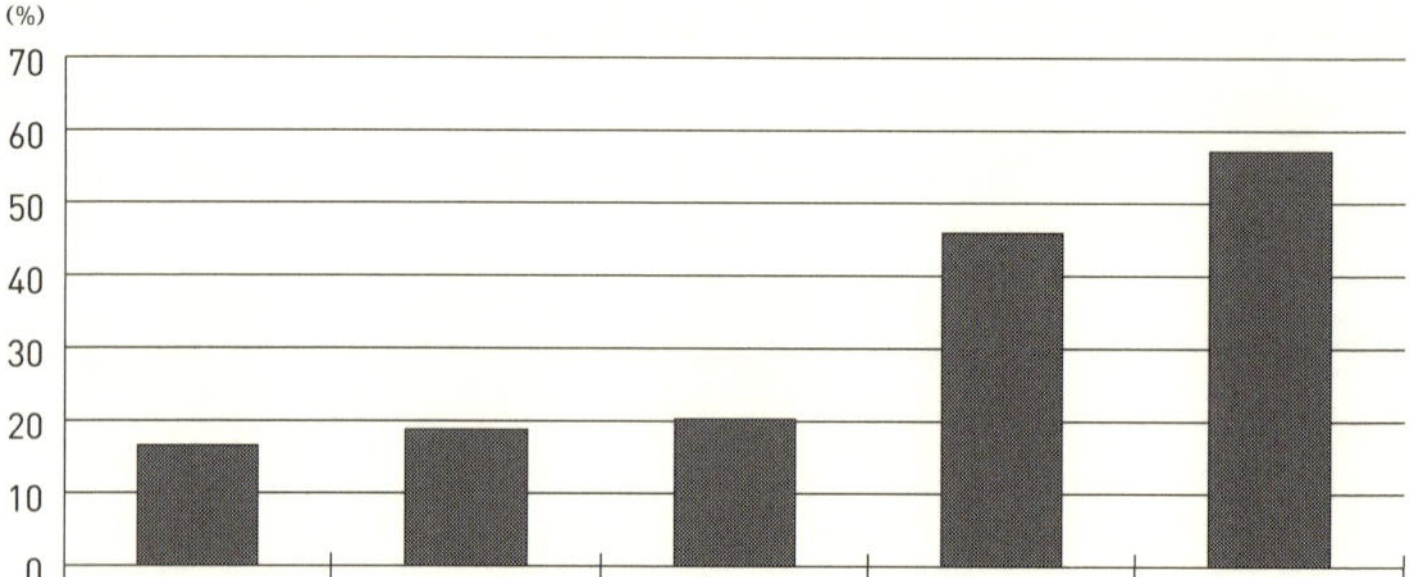

事業活動の繁閑の差が大きいから	取引先との関係で、時間を合わせる必要があるから	最近の人員削減により、人手不足だから	突発的な業務がしばしば発生するから	所定労働時間ないでは片付かない仕事量だから
16.5%	18.8%	20.3%	45.9%	57.2%

労働政策研究・研修機構（2007）より筆者作成。

図2-9　残業や深夜・休日出勤の理由（複数回答）（従業員調査）

「チームとしても契約件数などのノルマをかせられている時は、自分が私用があってがんばれないとチーム全体に迷惑をかけるという心理的圧迫に常に襲われる。チームの成績いかんでボーナス額も一部は変動するとなると、インパクトはいっそうきつくなる。そうした中で、個人の予定で所定外労働をせずに帰るなどということは、サラリーマンの行動準則にはまずない。ホワイトカラーではそのうえ、ノルマが会社組織の諸レベルを降格して個人にまで割り当てられる。ホワイトカラーの個人ノルマは、上司から一方的に与えられる場合もあるが、多くの大企業では目標管理を通じて決定される。労働者は、自己申告書をめぐる上司との面談のなかで、徐々に目標をみずから引き上げるようにはげまされて誘導され、過重ノルマの達成を「約束」してしまう。約束をした瞬間、九時から五時まで働くものだという労働時間意識はサラリーマンの心のなかから消え去る。」

熊沢は、このメカニズムを「強制された自発性」と表現し、長時間労働の発生要因を過重ノルマと「強制された自発性」に求めたのである（熊沢誠『格差社会ニッポンで働くということ―雇用と労働のゆくえをみつめて―』岩波書店、二〇〇七年）。この「強制された自発性」のメカニズムこそ日本の人事労務管理の特徴なのである。

以上より明らかになったことは、日本の労働時間が長いのは、時間外（所定外）労働の長さに主因があること、そしてその時間外労働の原因は労働者個人の事情（能力不足、不効率な働き方、残業代稼ぎ）ではなく、仕事の事情（仕事量、仕事の性質、突発性）であることである。さらにこの時間外労働は、かつては景気変動に直接的に影響を受けていたが、九〇年代半ば以降は、暫増傾向にあることが明らかになった。近年は、時間外労働が慢性化しているのである。この慢性的な時間外労働こそ、過労死、過労自殺の原因だと考えられる。

こうした慢性的な時間外労働は「個人の事情」ではなく、「仕事の事情」で発生するのであるから、九〇年代半ば以降の「働かせ方」が大きく変わったことを意味する。慢性的な時間外労働、過重労働、「強制された自発性」は、自然に発生するのではなく、企業の人事労務、管理行動の結果に他ならない。そうであるなら、その「強制された自発性」を生み出す人事労務管理の内実まで踏み込んだ検討が必要であるということになる。

5 「健康と生命」をおびやかす長時間労働

日本の正社員、とりわけホワイトカラー労働者は、業務量が多いゆえに長時間労働をせざるをえない状況が発生していることを明らかにしてきた。では、その長時間労働は労働者にいかなる影響を与えるのか、以下、メンタルヘルスの問題、過労死・過労自殺問題を考察する。

（1）心が蝕まれていく

日常的な高いノルマ、成果主義による賃金、そしてそれにともなう長時間労働、これらは単に長い時間働かねばならないという問題だけでなく、そのことが圧迫となって心理的にも精神的にも労働者を追い込むこととなる。

厚生労働省「平成一七年労働安全衛生基本調査結果」によると、事業所規模一〇〇〇人以上の事業所では八二・〇%の労働者が、過去一年にメンタルヘルス上の理由で休業したことが明らかになった。そのうち、九七・三%は一ヶ月以上の休業である。また、二〇〇五年に独立行政法人労働者健康福祉機構が全国二〇ヶ所の労災病院で「勤労者心の電話相談」を実施したが、相談件数は前年度比一七・〇%増の一万九一七八件であった。相談内容は、「上司との人間関係」（一六八五件、前年度比一三〇件増）、「同僚との人間関係」（一三七二件、前年度比一六二件増）が上位一位、二位を占めた。

日本労働政策研究・研修機構「職場におけるメンタルヘルスケア対策に関する調査」（二〇一一年）では、より詳細な実態が報告されている。同調査によると、六割弱の事業所でメンタルヘルスに問題を抱えている正社員がおり、そのうち三割強（三一・七%）の事業所は、三年前に比べてその人数が増えたとしている。メンタル不調者（正社員）の有無を企業規模別（正社員数）でみると、一〇〇〇人未満では規模階層にかかわりなく、不調者のいる事業所がいない事業所をわずかに上回る程度だが、一〇〇〇人以上では、不調者のいる割合が七二・六%と増えていて、いない事業所（二六・六%）を大きく上回っている（図2－10）。

また、図2－11で、三年前と比べたメンタルヘルス不調者の増減をみてみると、増加（六・〇％）、やや増加（二五・七％）と増加傾向にあると回答している企業が三割以上存在することが明らかになっている。ほぼ同じ（四七・一％）と回答した企業と合わせると、八割ほどの企業において、メンタルヘルスの不調者が存在することがみてとれる。

長時間労働とメンタルヘルスには、いかなる関係性があるのか（図2－12）。前項で明らかにされたように、長時間労働の要因は、業務量、つまり仕事量の多さにある。その仕事量の多さと、メンタルヘルスの問題には強い関係があると言われている。実際にメンタルヘルスに問題を抱えている正社員の有無を、仕事量の増減別にみると、仕事量が増えるほど、メンタルヘルスに問題を抱えている正社員のいる事業所の割合が高くなっている。仕事量が「増えた」「やや増えた」事業所で、メンタルヘルス問題を抱えた正社員がいるのは、それぞれ、七一・二％、六一・二％という結果が出ている。

こうして、メンタルヘルス問題は、本人に原因があるのではなく、仕事量が多いことにともなう職場の環境にこそ、その要因を求めることができる。長時間労働の問題は「時間」だけの問題ではなく、「健康」の変調をもたらす問題になっているのである。

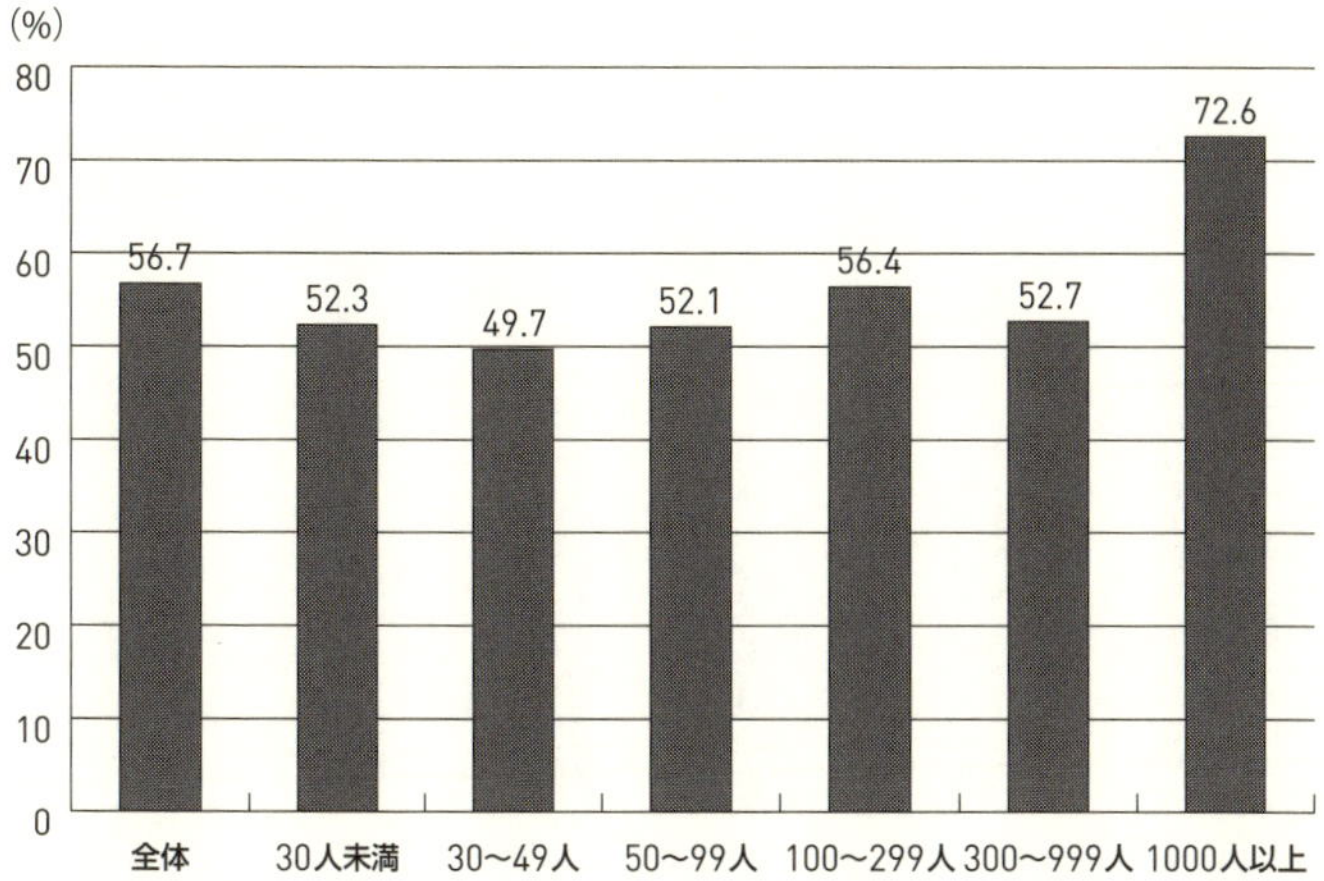

日本労働研究研・研修機構（2011）より筆者作成。

図2-10　メンタルヘルスに問題を抱えている労働者の割合（正社員）

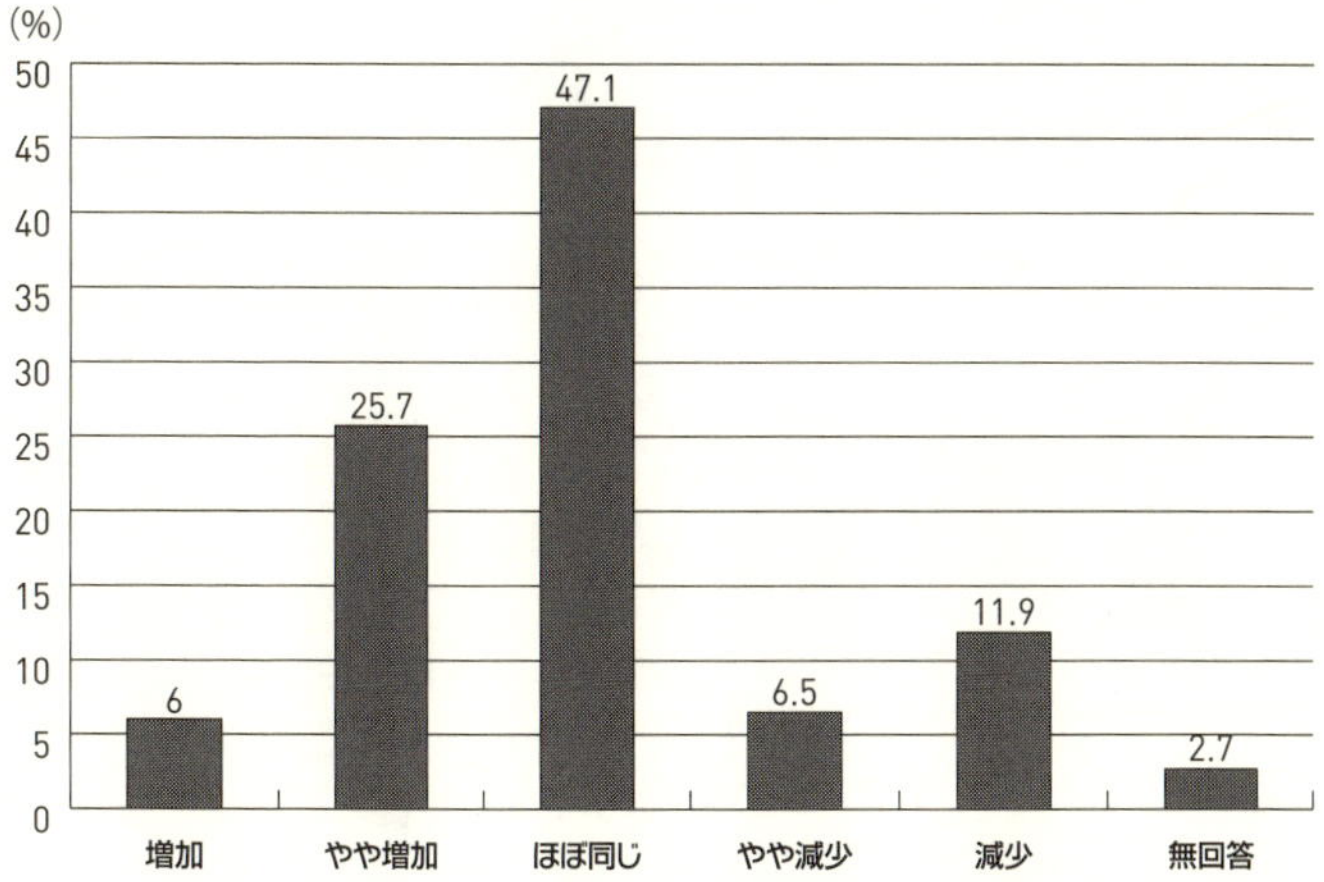

日本労働研究研・研修機構（2011）より筆者作成。

図2-11　3年前と比べたメンタルヘルス不調者の増減（正社員）

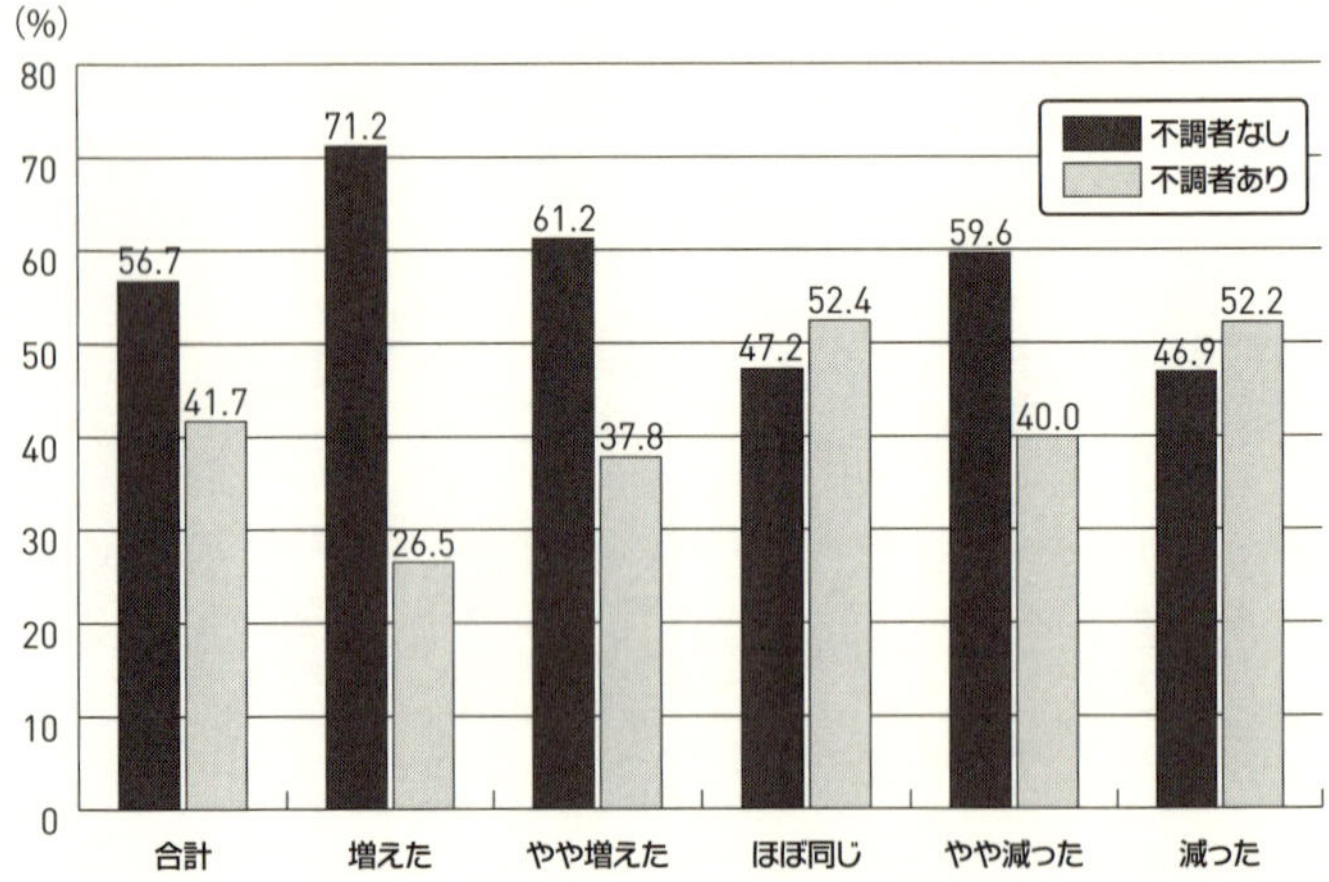

日本労働研究研・研修機構（2011）より筆者作成。

図2-12　メンタルヘルスに問題を抱えている労働者（正社員、仕事量の増減別）

（2）働くことが死につながる――過労死・過労自殺問題

過労死・過労自殺の労災請求と認定件数は、一九八〇年代、一九九〇年代、二〇〇〇年代と時期を追うごとに増加する傾向にある。図2－13、図2－14は、厚生労働省が発表している「脳・心臓疾患及び精神障害等に係る労災補償状況について」より、過労死・過労自殺の状況をみたものである。

日本は戦後世界に類を見ない高度経済成長を達成し、オイルショック後にも危機に苦しむ欧米先進工業国を後目に群を抜いた成長力、国際競争力を顕示した。しかし、日本の成長要因を考えるとき、成長の影で「過労死」に象徴されるような深刻な労働問題が蓄積されてきたことを見過ごすことはできない。現代労働問題の凝集点とも言える「過労死」は、オイルショック

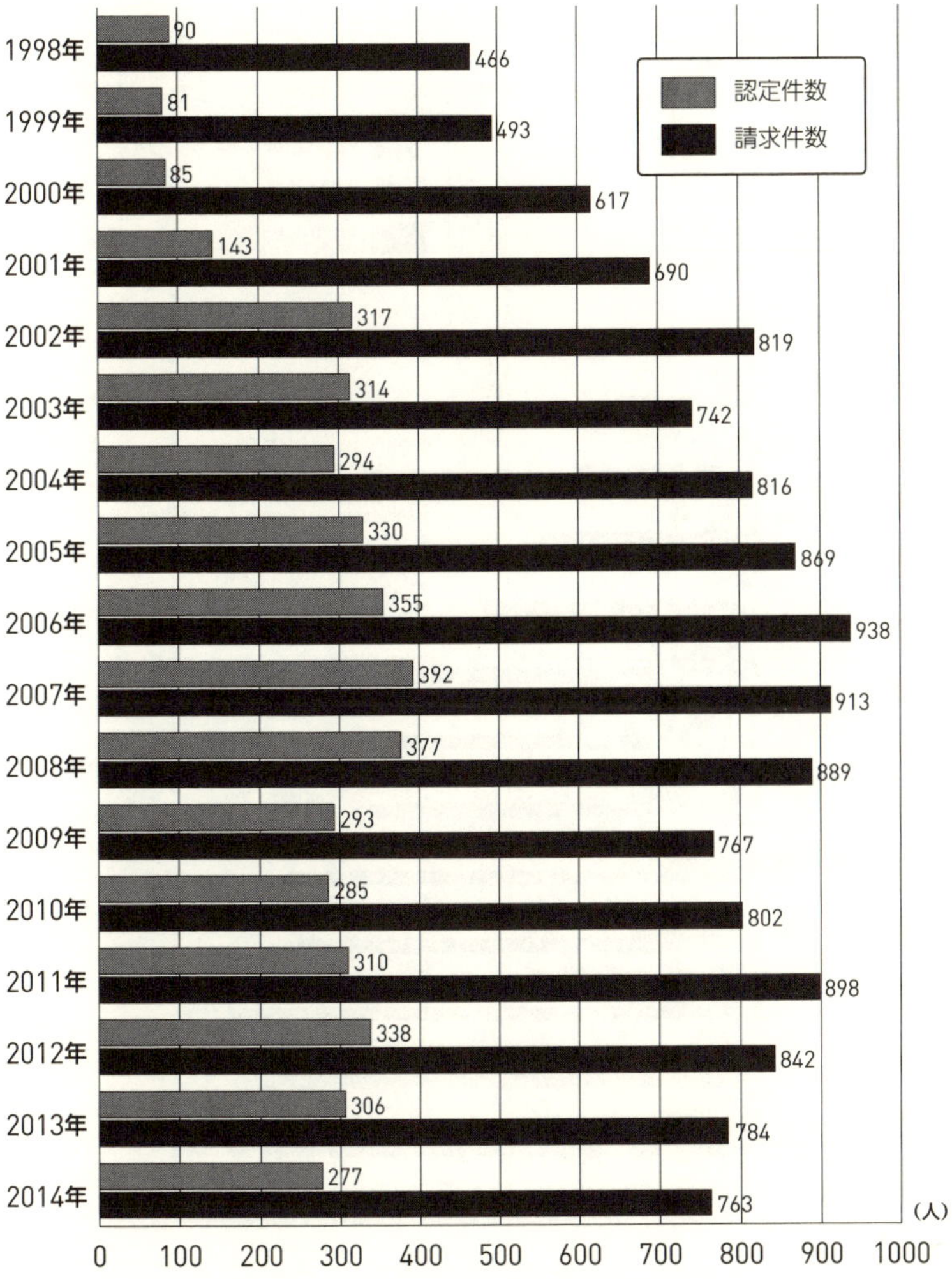

厚生労働省「脳・心臓疾患及び精神障害等に係る労災補償状況について」より筆者作成。

図2-13　年度ごとの脳・心臓疾患に係る労災請求・認定件数の推移

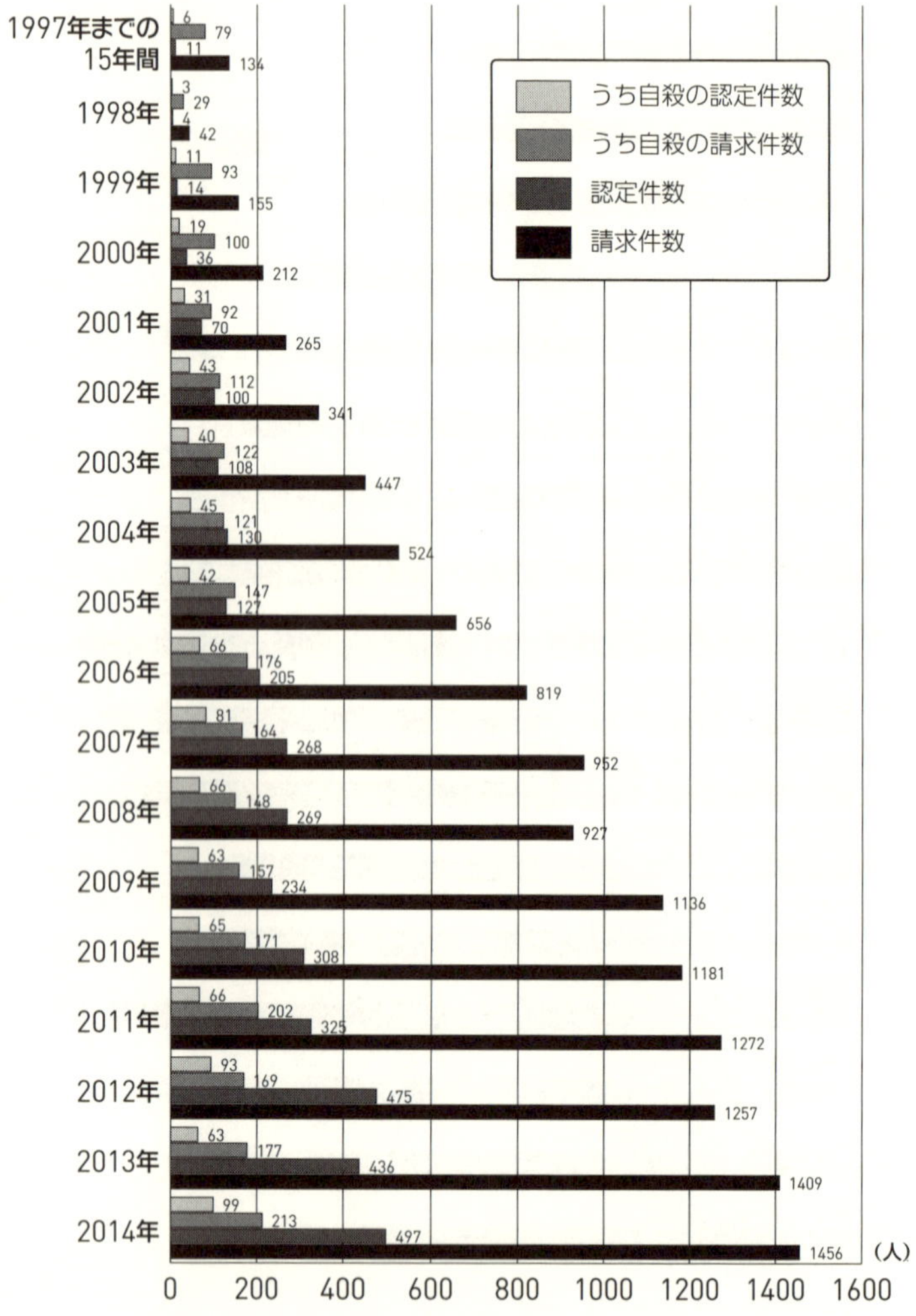

厚生労働省「脳・心臓疾患及び精神障害等に係る労災補償状況について」より筆者作成。

図2-14　年度ごとの精神障害等の労災補償状況件数の推移

以降の現代日本の社会的病理現象を象徴する用語として広範な認知を受け、今ではこの言葉は、仕事を原因とする過労・ストレスが誘因となった死亡や永久的労働不能を広く指す社会医学用語として定着してきている。上井喜彦は、「過労死一一〇番全国集計結果」を素材に、過労死の特徴を三点挙げている。第一に、性別では男性が圧倒的に多いが、女性も近年増加していること。第二に、被災者の年齢は四〇歳代、五〇歳代という働き盛りが多いが、その上下の年齢層にも広がっていること。第三に、被災者はホワイトカラー、ブルーカラーのいずれにもみられ、その職種は営業職と現業労働者が多いが、運転手、技術者、建設労働者等と実に幅広く、職場における彼らの地位はヒラ労働者が多数を占めるとはいえ、管理職にも分厚く広がっていることである。このような状況を受けて、上井は、「現代日本の企業社会では仕事の要請が際立って強くなっていること、そして、中間管理職のように仕事の自由裁量度の高い労働者であっても、自己の裁量で仕事をスローダウンしてストレスの軽減を図るというのではなく、大量の仕事をこなすために長時間働き続けて過労死にあっているという事実である」と分析する（上井嘉彦「民間大企業の労働問題・『日本的経営』下の労働問題」戸塚秀夫、徳永重良編著『増補版現代日本の労働問題・新しいパラダイムを求めて』ミネルヴァ書房、二〇〇一年、第二章）。

その過労死にも変化があり、バブル期は、好況で仕事がたくさんありすぎたため過労死に至ったケースが多かったが、最近では、サービス業や営業部門等を中心に不況下での売上不振がストレスの原因となり、心筋梗塞等で過労死に至るケースが多いという。またリストラによる他部門から営業部門への配転でのストレス等、不況で比較的労働時間が短くなった状況でも、過労死の原因となる要素はなかなかなくならない。不況期には、力関係のうえでは相対的に企業のほうが強くなる。社員にも「クビになるよりは、働き過ぎのほうがまだましだ」との認識が強まり、バブルの頃のように不満なら会社を辞めるというような雰囲気はない。好況期は転職が増えたが、最近は悩んだ末の自殺が増えているのである（川人博『過労死・過労自殺大国ニッポン―人間の尊厳を求めて―』編書房、二〇一〇年）。

なぜ、過労死・過労自殺にいたるまで、働かなくてはならない状況が発生するのだろうか。宮坂純一は、日本企業における企業内人生の「最大の」特徴として、企業が共同体となっていることの反映として、人々の「深層レベル」では「熾烈な」競争が展開されることを指摘している。一方、従業員として自己の生活の保証をもとめて会社に協力・協調するが、他方では、その協力・協調する人々の間でこれまた自己の生活の向上を賭けて、激しい競争が展開されざるをえない状況がある。この状況が、ホワイトカラー、ブルーカラーを問わずすべての労働者を競争主義的企業内人生に巻き込み、さらには、労働者を会社人間へと転化することを可能としたのである。一九八八年は「過労死元年」といわれるが、これは、多くの労働者が競争主義的企業内人生をおくらざるをえない状況においつめられてきたことを「非劇的に」象徴するとしている（宮坂純一『企業社会と会社人間』晃洋書房、二〇〇二年）。

仕事の単独性がつよく、ノルマが個人に課せられる労働者の代表格である営業職、セールスマンたちの間に、働き過ぎによる過労死が多発している。働きすぎる理由として、熊沢誠は、「直接的に、なかば強制的・なかば自発的に決められ」、「ふつうに働いてゆくには総じて過大にすぎる」個人ノルマにあるとしている（熊沢・前掲『能力主義と企業社会』）。また、これまでの過労死・過労自殺が発生する状況を受けて、「このような場合には過労死が発生しやすい」という想定を立てている。それは、次の七点である。

・労働時間管理が曖昧で、サービス残業が常態化している
・深夜労働をふくむ二交代制のため、睡眠時間の確保が危うく、疲労が蓄積される
・数値的に明瞭であるか否かを問わず、生産量、品質、契約高、そして納期などについてのノルマの「達成」がきびしく監励されている。特に注目すべきは、往々にしてチームノルマが個人ノルマでもなる管理者や現場リーダーの場合である
・仕事の質がストレスフル、あるいは重筋的であって、心身の疲労をまぬかれない
・職場の要員が少ない。業務の支援体制がない。またはひとり作業である
・成果主義が浸透するなか、上司が抑圧的である。同僚関係も競争的で職場に助け合う雰囲気がない
・労働者の収入に占める基本給の比率が低い

熊沢は、これらの条件のいくつかは、現在多くの職場に共通する要因ではないかとしている。つまり、職場生活のしんどさをもたらすこうした企業労務的な要因の背景には、一九八〇年代半ば以降の円高基調や経済グローバル化が余儀なくさせる熾烈な企業間競争と、九〇年代はじめの「ゆとり社会」

への転換に挫折して以来、基本的に新自由主義的な方向に舵をとるようになった規制緩和の経済政策・労働政策があり、それらが企業労務の変化を媒介にして、総じて労働者を苛酷な働き過ぎに追い立ててきたというのである（熊沢誠『働きすぎに斃れて─過労死・過労自殺の語る労働史─』岩波書店、二〇一〇年）。

このように超長時間労働はたんに超過時間を金銭で精算することでは済まない段階にまで到達している。現代日本の労働時間短縮は「時間」を取り戻し、「健康と命」を守るためのものになっているのである。

（3）先進国日本の貧しい労働時間事情

以上、日本の長時間労働の実態とそれをもたらす要因について、これまでの研究をふまえながら検討してきた。

まず第一に、先進諸国との国際比較の結果からみても日本は長時間労働の国であることを確認した。アメリカもイギリスも労働時間が長い国であるが、週五〇時間という長時間労働者の割合についてみてみると、日本は一九九〇年代を通して常に「世界一」であった。

第二に、日本の労働時間の推移をみていくと、一九七〇年代以降、日本の総労働時間は減少傾向にあることが確認できたが、しかし所定外（時間外）についてみてみると減少することはなく、九〇年代以降は拡大傾向にすらあることを確認した。日本の長時間労働の問題の本質は、所定外労働時間の長さにあるということになる。

第三に、総労働時間の減少は、週休二日制の浸透による影響もあるが、それ以上に非正規雇用労働者の急激な増加によるところが大きいことがわかった。一方では正規雇用労働者の長時間労働、他方では非正規雇用労働者の短時間労働の同時併存状態＝「労働時間の二極分化」という歪んだ状況が生まれたのである。

第四に、サービス残業問題にも言及したが、不払い労働という異常性もさることながら、経団連が「それが日本の労使慣行だ」として「不払い残業」を容認していることからもうかがわれるように、それが日本の経営者の体質となっていることも指摘できよう。

第五に、以上のような所定外労働時間の長さは、「多すぎる業務量」にあることをみた。この点は労使双方が共に認めているのであるが、要因が分かっているにもかかわらず、その問題が解決されないのはなぜか。それは従業員を「自発的に」働かせる人事労務管理の構造があることを指摘した。

さて第六に指摘したことは、長時間労働が引き起こすメンタルヘルスの問題、過労死・過労自殺問題である。これらの問題は、一九九〇年代以降、正規雇用労働者の長時間労働問題の深刻化にともない、さらに事態が悪化していることを指摘した。長時間労働は、たんに労働時間を長くするだけでなく、労働者の心理的・精神的状態をも圧迫するようにまでなっている。いまや「時間」を金銭（残業手当）で「精算」することでは済まないところまで来ているといわざるをえない。時短は「時間」を取り戻し、「健康と命」を守ることになっているのである。

現代日本の長時間労働の実態をこのようにとらえるとすれば、その長時間労働を生んだ現場に分け入って、「健康と命」を守るための、そして、「人間らしく働く」ために「時間」を取り戻すための人事労務管理を検討しなくてはならない。

第3章

日本の労使は労働時間をどのように扱ってきたのか

――一九九〇年代以前以後の労働時間管理

本章では、はじめに戦後から一九九〇年代に至るまでの日本企業で展開されてきた労働時間管理はいかなるものだったのか、その実態をみてみよう。本書の主たる関心は、九〇年代以降のホワイトカラー労働者の長時間労働であるが、それ以前の実態をみる理由は二つある。

第一に、本書は企業で展開される労働時間管理が九〇年代を境に大きく変わったという理解に立っているからである。それを明らかにするためには、九〇年代までの労働時間管理について理解しておかなければならない。第二に、高度成長期を経て九〇年代にいたる過程において、日本の「労働時間」の扱いが独自のものであったと思われるからである。なぜ、日本の企業は、長時間働かせることが可能なのか。人事労務管理にその要因を求めたい。

そこで本章は、まず過去の調査をもとに、労働時間管理がいかに展開されていたのかを明らかにする。労働時間管理に関する先行研究をみていくと、その議論の対象は、一九九〇年代以前はブルーカラー労働者であり、一九九〇年代以後はホワイトカラー労働者であった。それゆえ、本章前半ではブルーカラー労働者の労働時間管理はいかなるものであり、そうした労働時間管理はどの程度普及していたのかを明らかにする。続いて、当時の経営側は、何をねらい、どのような考え方で、どのような労働時間管理を行なっていたのかを確認する。さらに、一九九〇年代以前の労使の労働時間、およびその管理に対する考えを明らかにしたうえで、長時間労働が問題となっている日本の職場を労使はいかに考え、改善しようとしてきたのか、労働時間短縮をめぐる労使の姿勢を明らかにする。

1　一九九〇年代以前の労働時間管理の実態

日本経営者団体連盟関東経営者協会は、一九六九年の企業調査をもとに、労働時間管理の実態を明らかにしている（経営者団体連盟関東経営者協会『労働時間管理の現状―時間短縮への道程を探る―』日本経営者団体連盟事務局、一九七一年）。一九六九年といえば、日本経済はまだ高度成長期であり、多くの国民は高度な経済成長を当然のことと受け止めていた時期であり、さらなる経済成長があると疑いなく信じていた時期でもあった。もっとも他方では、各地で高度経済成長にともなう公害問題が問題視されてはいたものの、多くの国実はまだまだ「経済発展」が必要だと感じていた時代だった。ちなみに「列島改造論」の田中角栄内閣ができたのは一九七二年であった。本調査報告は、そのような時代背景のもとで、経営者団体によって行なわれた調査であることに注意が必要である。

（1）交代制勤務と長時間労働の関係

当時の年間総労働時間は、一九九九時間以下から二五〇〇時間以上の間にほぼ一様に分散していた。週四八時間労働の時代であったことを考えると、年間一〇〇ないし三〇〇時間程度の時間外労働が行なわれていたと考えられる。二二〇〇時間〜二四九九時間の間あたりにピークがみられ、その中央値は、二二〇〇〜二二四九時間であった。

ホワイトカラー労働者とブルーカラー労働者、それぞれ勤務形態別にみてみると、日勤ホワイトカラー労働者のピークは二二〇〇〜二二四九時間、日勤ブルーカラー労働者、交替勤務ホワイトカラー労働者、交替勤務ブルーカラー労働者のピークは二五〇〇時間以上であると回答する企業が多い（図3−1）。日勤ホワイトカラー労働者以外は、年間総労働時間が二五〇〇時間以上と、週四八時間の当時においても労働時間が長いことが分かる。また、同じブルーカラー労働者で比較してみると、年間総労働時間が二五〇〇時間以上であると回答しているのは、交替勤務ブルーカラー労働者が二七％、日勤ブルーカラー労働者が一六・五％であり、交替勤務ブルーカラー労働者のほうが長時間働く傾向があると推測できる。以上から、ブルーカラー労働者の方がホワイトカラー労働者よりも労働時間が長かったこと、そして、日勤よりも交替制勤務のほうが、労働時間が長かったことがわかる。

そこで次にこの交替制勤務について少し詳しくみてみよう。

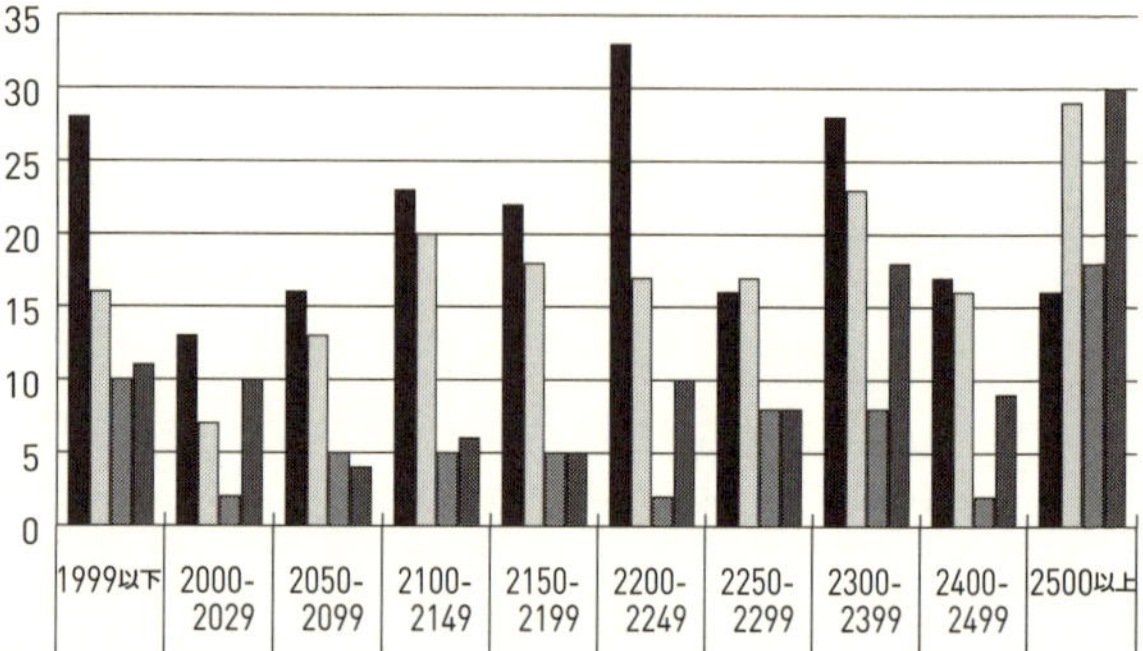

	1999以下	2000-2029	2050-2099	2100-2149	2150-2199	2200-2249	2250-2299	2300-2399	2400-2499	2500以上
日勤ホワイトカラー	28	13	16	23	22	33	16	28	17	16
日勤ブルーカラー	16	7	13	20	18	17	17	23	16	29
交替勤務ホワイトカラー	10	2	5	5	5	2	8	8	2	18
交替勤務ブルーカラー	11	10	4	6	5	10	8	18	9	30

日本経営者団体連盟関東経営者協会（1971）より筆者作成。
回答企業合計は、332 社である。

図3-1　職種・勤務別年間総労働時間

交替制勤務実施企業社数は、全産業で二〇九社（六三・一%）、製造業で一五八社（七八・六%）であった。それを業種別でみると、金属工業、輸送機器、ゴム工業、化学工業、繊維工業、鉱業、電力、運輸業などで実施率が高い。また、金融・保険業でもかなりの実施率がみられる。この金融・保険業での高さの理由は、コンピューターの導入など新鋭事務機の稼働率を高めるものと考えられる。

規模別でみると、企業規模が大きいほど実施率は高い傾向にあり、五〇〇〇人以上の企業では、全産業で七九・三%、製造業で八八・七%に及んでいる。交替制未実施企業でも、将来導入予定であるとする企業が存在し、全産業で二五社（二四・八%）、製造業で一〇社（三三・三%）と二割強である。

交替制を実施する企業（二〇九社）はどのよ

うな交替制を採用していたのであろうか。調査によれば、同一企業でも多様な方式を採用・実施していたようである。その内訳をみると、二交替制一二七社で実施率六〇・八％、三交替制一三一社で六二・七％、一昼夜交替制一五社で七・二％、その他三社一・四％であった。

二交替制と三交替制をさらに組編成によって細分した場合、二交替制では実施一二七社中八九社（七〇・一％）が二組二交替制をとり、その他は三組二交替制二二社（一七・三％）、四組二交替制、組編成不明またはないものそれぞれ八社（六・三％）である。また三交替制では実施一三一社中九二社（七〇・二％）が三組三交替で、四組三交替も二九社（二二・一％）とかなりみられ、七組三交替が四社（三・一％）、組編成不明またはないもの六社（四・六％）となっている。

ここから、二組二交替制、三組三交替制が圧倒的に多かったことがわかる。しかもここでは統計数値を掲載していないが、これらの方式を採用している企業は五〇〇〇人以上が多いことが示されている。

このような交替制勤務の導入状況のなかで、所定内労働、および所定外労働の実態はいかなるものだったのか。

二交替制勤務が代表的である企業は、七七社（うち製造業六一社）であったが、それらの企業の所定内労働時間は、第一直が七時間台（七四％）、第二直が七時間台（七〇・四％）となっており、双方とも、一日の所定労働時間は、七時間台とするところが多い。

三交替制勤務が代表的である企業は一一九社（うち製造業九四社）あり、各直とも二交替の場合と同様七時間台が多いが、その割合は、各直で若干異なっている。第一直は、七時間台九三社（七八・二％）、六時間台が一六社（一三・五％）であった。第二直は、七時間台六七社（五六・三％）、六時間台三〇社（二五・二％）、五時間台一三社（一〇・九％）であった。第三直は、七時間台六九社（五八・〇％）、八時間台二五社（二一・〇％）、九時間台一四社（一四・九％）と三直の中では、比較的に長い所定内労働時間である。

このことから、当時のブルーカラー労働者は二交替もしくは三交替で七時間台労働という交替制勤務が主流であったということになる。ただし、比較的労働が厳しい二直の所定労働時間を短く設定しているところが多く、逆に相対的に負担の少ない三直では長めに設定しているところが多い。おそらく疲労と能率という視点から、労働組合との交渉ないしは協議を経てこうなったと思われる。こうした労働者側への配慮という視点は、経営側の単独で行なわれたのではないだろう。次にみる「予備人員」の配置についても、労働組合との交渉の結果であろうと推察できる。何故なら、予備員の配置が趨勢ではないからである。

この当時、交替制採用企業で「予備人員」をおいているところがあった。交替制実施企業二〇九社のうち予備人を置いているとする企業は全産業で九五社（四五・四％）となっている。職場ごとに予備人員を置いている企業は、七四社（四七・四％、置いていると回答した企業の七七・九％）であり、予備人員を置く場合は、職場ごとに配置されるのが主流だったと考えられる。予備人員を配置する企業は、大企業であっても半分以下であったものの、そうした企業においては、労働組合の職場規制により、予備人員の配置が行なわれていたと考えられる。

（2）所定外労働時間

ここまで、一九七〇年代に入る直前の労働時間管理の状況についてみてきた。二交替制勤務、三交替制勤務の所定労働時間は、七時間が主流だということが明らかになった。一日七時間労働で、週に六日、一年間働くとすると、一年間で二一〇〇時間程度となる。しかし、図３－１によると当時の労働者の多くの年間総労働時間は二一〇〇時間以上であるわけだから、所定外労働時間が相当程度あったことを意味する。

それがどの程度あったのかを知りたいところであるが、幸いなことに、この調査ではそれを知る一つのデータとして、時間外・休日労働協定時間数が調べられている。

一ヶ月当たりの時間外・休日労働協定時間数をみると、三〇〜五〇時間とする企業が全産業で一〇四社（三一・一％）、製造業で九三社（四五・七％）であるのに対し、一〇〇時間以上とする企業も全産業で八六社（二五・七％）、製造業で三七社（一八・二％）と、全体的にみるとこれが二つのピークであった（図３－２）。

この点について、日本経営者団体連盟関東経営者協会は、「協定時間数を一月あたりで協定している場合には、三〇〜五〇時間とする企業が比較的多いのに対し、一日当たりで協定している場合には一月あたりに換算すると、一〇〇時間以上となるものが多いためである」と説明している。また、この結果を産業別にみると、製造業では三〇〜五九時間とする企業が多いのに対し、非製造業では一〇〇

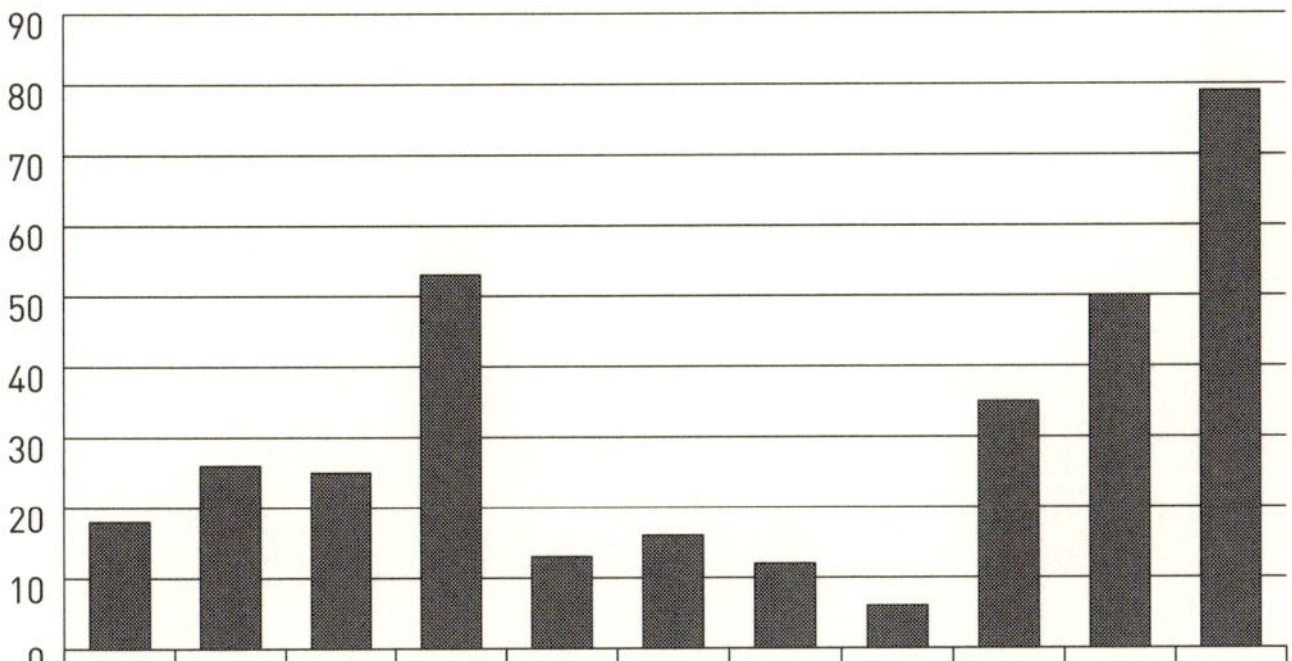

	30時間未満	30-39	40-49	50-59	60-69	70-79	80-89	90-99	100-149	150以上	不明
企業数	18	26	25	53	13	16	12	6	35	50	79

日本経営者団体連盟関東経営者協会（1971）より筆者作成。
回答企業合計は、333 社である。

図3-2　1ヶ月あたりの時間外・休日労働協定時間（企業数）

時間以上とするものが四九社（三七・五％）である。つまり、非製造業のほうが、製造業よりも時間外休日協定時間数が長い傾向にあるといえよう。その理由については、同調査では何も説明しておらず、不明である。

　これらは労働組合との協定時間数であるから、どこまで実態を示しているのか確定はできないが、製造業の場合でいえば、半数近くの企業において、月換算で三〇〜五〇時間の時間外労働となる。これを年換算すれば三六〇〜六〇〇時間の時間外労働となる。先の二一〇〇時間の所定労働時間と合算すれば年間総労働時間は、二四〇〇〜二七〇〇時間ということになる。高度経済成長時代のブルーカラー労働者の平均像ということになろう。それを支えていた労働時間管理は交替制であったということができよう。

　ここまで、一九七〇年代に入る直前、つまり高

度経済成長末期の時代の労働時間の実態をみてきた。調査対象となった企業が、企業規模が大きい点に注意を払う必要があるが、労働時間が二五〇〇時間と回答する企業が多く、現在の二〇〇〇時間前後を推移している状況よりも、長時間労働であることがわかる。こうした長時間労働を可能とさせていた労働時間管理は交替制勤務であった。その交替制は、全産業で六割程度、製造業で八割近くの企業で導入されていた労働時間管理であったのである。

戦後、生産性向上を目的とした労働時間管理の合理化が継続的に行なわれてきている。経営側の労働時間短縮へ向けた考え方については、次節で詳しく述べるが、経営側の考え方は、何よりもまず「生産性向上ありき」であり、労働時間管理はその目的を達成するための手段であった。日本の経営者が指向する労働時間管理はあくまでも生産性向上のための手段にすぎず、目的ではないのである。この時代の交替制はその有力な手段であったといえるだろう。

（3）職場の労働時間管理の実態

職場の実態はどうであったのだろうか。労働時間管理の研究は、これまであまり多くないなかで、労働時間管理に分析の焦点を当てて、その実態の解明に努力している貴重な研究がある。

木元進一郎は、労働時間管理を経営合理化策の一つとして位置づけている。経営合理化策の下で、労働時間管理の合理化とともに、労働強度をより一層強化するため、経営側は、時間研究、動作研究を行ない「超過搾取のための諸方法」を総合化した近代的労務管理の導入・強化によって、単位労働時

間あたりの投入量の増大、つまり、労働強度の強化を図ってきたのである（木元進一郎『労務管理―日本資本主義と労務管理―九版』森山書店、一九八〇年）。ここでいう「近代的労務管理」とは、アメリカ流の職場管理手法を参考にして、職場での作業動作と作業時間の分析を細部まで行ない、個々の作業における「ムリ」「ムダ」「ムラ」を極力除去し、時間を節約する手法である。もちろんそれは時短に結びつくのではなく、労働強度の増大となる。これに交替制勤務が加わることによって「超過搾取」となると木元はいうのである。

他方、山本潔は、労働時間の「合理的使用」の極地として、「面着制」やタイム・レコーダーの撤去など、労働時間の究極の節約方式という労働時間管理の実態を松下電器を事例として分析した（山本潔「社会科学研究所蔵『戦後労働調査資料』の研究史上の価値について」東京大学社会科学研究所『社會科學研究』第六一巻第一号〈二〇〇九年〉、一二一―一三三頁）。少し長くなるが、この貴重な研究をみておきたい。

松下電器における労働時間管理合理化の第一は、「入門・出門制」であった。日本の工場では、戦後以来、工場の門を出入りする時間で、労働時間を管理していた。たとえば、朝八時就業開始と決められていれば、八時に工場の門に滑り込んで、そこにあるタイム・レコーダーのカードに打刻した途端に、〝八時就業開始〟となっていたのである。打刻後に職場まで歩いて行って（製鉄所等の広い工場の場合には構内バスに乗って）、職場に到着してから、作業着に着替えて、仕事にかかっていた。逆に終業時には、夕方の五時就業とすれば、四時三〇分か四五分か早めに仕事を終えて、汚れ仕事の場合にはシャワーを浴び、門まで行って、五時にタイム・レコーダーを押せば「終業五時」となっていた。これは、経

営者の立場から言えば、朝約三〇分と夜約三〇分の合計約一時間近くも、無駄に賃金を払っていることを意味した。

そこで、「現場到着制」が、家庭用家電・自動車産業等における「流れ作業」方式の普及と並行して導入された。それまで、工場の門のところにあったタイム・レコーダーを移動して、職場・「作業現場」にタイム・レコーダーを置くことにしたのである。これにより、各自の職場まで歩いていったり（構内バスに乗っていったり）して、職場に到着してから打刻することになった。なかには作業着に着替えてからタイム・レコーダーを押して、〝八時ジャストに作業を開始〟させる職場まであったという。終業時には、午後五時なら五時までフルに働き、それからタイム・レコーダーを打刻して、汚れ仕事の場合はシャワーを浴びて門まで歩いて行って、午後五時二〇分とか三〇分とかに門を出ることになった。こうして一労働日中フルに働かせることができるようになり、経営者にとっては好ましい状態になったのである。

この「現場到着制」の究極の形態は、タイム・レコーダーを撤去してしまう「面着制」（就業開始時間前の朝礼に労働者が居るか顔を見て確認するという制度）の導入である。全員が就業開始前に職場に来るのであるから、職場のタイム・レコーダー等は不要となるというのである。職場に全員の名札が掛けてあり、朝ライン稼働前に、この札の前にフォアマンが立って朝礼を始める。遅れてくると、朝礼中の職長と職場の全員の前を通っていかなければならないため、労働者は全員早く出勤してくるようになる。こうして面着制の労働時間管理は、流れ作業現場において、労働時間の効率的使用と労働密度強化に資することになったのである。

「面着制」は、このように経営者にとっては、「合理的」な時間管理制度であった。ところが、松下で山猫ストが発生する。松下電器の工場の女子労働者が、「労働法」上の権利として〝一斉生理休暇〟をとり、女子労働者が一人も出勤しないために工場が動かないという事件が発生したのである。このストライキの原因は、〝流れ作業や面着制で、労働密度が高まり、労働時間の気孔充填が進んできたのに、現在の労働時間は長すぎる〟ということにあった。労働強化にたいする労働者側からの反乱であった。

そこで、松下電器は、〝週休二日制〟の採用をもってこの事態に対応した。労働基準法の改正で週四〇時間制になったことが背景にあるが、一日の労働時間を短縮しないで休日をふやした理由は、通勤事情とも関連していた。混雑する交通機関での長時間通勤は、労働者が一日に支出するエネルギーの三分の一は電車の中で支出すると言われ、作業能率に悪影響を与えると判断されたからである。つまり、一日の労働時間を短縮するよりも休日を増やして通勤時間を減らすほうが、労働時間の効率的な利用にプラスになると考えられたのである。以後、この〝週休二日制〟は電機だけでなく、精密機械、自動車等の流れ作業による産業に、ついで造船等の主要産業企業に普及していくこととなった。

以上みてきたように、この時期の労働時間管理の合理化は、工場労働者を対象として労働時間の効率的・「合理的」使用の工夫という形での労働強化が主流であった。内容的には限られた（法定）労働時間内の労働投入量の最大化である。あれこれの制度的な工夫はすべてこのような、労働生産性向上に向けたものである。つまり、労働時間管理とは「生産性向上の手段」としての労務管理以外の何物でもなかったということになる。序章で藻利が主張したような、労働意欲向上や労使関係の安定に向かう（狭義の）労務管理という位置づけはなかったのである。木元と山本の研究はそのことを余すところなく伝えている。

ところで時間管理がどうして「山猫スト」を招くまでに「生産性向上の手段」としてのみ位置づけられたのであろうか。それを支えてきたのはいかなる事情だったのだろうか。それは「労働時間」についての経営側と労働側、この双方の考え方が起因しているのではないだろうか。以下、若干の資料をもとに考察を試みる。

2　日本の労使にとって「労働時間」とは？

（1）　経営側：生産性向上のための手段としての労働時間管理

まず、一九九〇年代以前まで、経営側が出してきた資料をもとに、経営側が労働時間をいかにとらえてきたのかを考察する。論点は次の二つの点である。第一に、そもそも人事労務管理の一環としての労働時間管理をどうすべきだと主張していたのか、第二に、労働時間の短縮をいかに受け止め、労働時間短縮と労働時間管理との関係をどのように位置づけようとしてきたのかである。

まず、第一の点に関して、日本経営者団体連盟『賃金問題資料②（昭和四三年度）「時間意識」の現代的意義―賃金支払い形態の再検討―』（一九六八年）をみると、労働時間に対する経営者の基本的姿勢が示されている。それは、「時間管理の徹底と時間能率意識を高める」というものである。たとえば、時間給は、単なる時間割の賃金ではなく、時間能率を前提とした時間建ての賃金のことであり、その成立の背景には、近代的賃金観の徹底や科学的な経営管理の確立という基礎がなくてはならないと言う。こうした考えのもと、より実働時間を長くするための労働時間制度、あるいはまた、制限された特定の労働時間のなかで、より効率よく働かせるための労働時間管理の制度が模索された。

それは、賃金における時間意識と時間能率の確立であり、この認識を十分に企業内に浸透させる必要があるということである。また、時間管理という経営体制を充実させるため、時間研究、動作研究をはじめ、計画と統制の働きによって生産管理機構の整備をすすめ、このような条件のうえに、「賃金」と「能率」との生きた結び付けをはかることが望まれるとしている。そのための時間管理の方法として、タイム・カードを作業現場に配置する「職場毎の時間管理」方式や業務命令を時間単位、分単位で行う方法など、種々な工夫がみられた。古くは、テーラーの科学的経営管理の手法があり、時間研究、動作研究によって個人能率（課業）の設定が行なわれたことはよく知られているとおりである。その後、流れ作業システムの発展によって個人の時間管理は集団のそれにとって変えられ、さらに人間関係論の観点を含む、総合的な管理体制が叫ばれるようになった。

このように一九六〇年代後半から七〇年代初頭までの第二次高度成長期における「労働時間管理」は理論的にも実践的にも、生産性向上の手段として位置づけられていた。当時の経営側としては、「わが国企業の経営近代化の度合いは、まちまちであるが、どのような発展段階にあるかを問わず」、より効率よく働かせるための労働時間管理の確立のために、「経営の総合点検」が必要であると鼓舞していたのである。

経営側のこの認識はその後も堅持されることになる。よく知られた日経連能力主義管理研究会編著『能力主義管理―その理論と実践―』（一九六九年）でも、人件費コスト面に着目し、労働生産性の向上という視点から、労働時間管理の重要性を論じている。その主張は、前年の日本経営者団体連盟『賃金問題資料②』（一九六八年）で労働時間に関し主張していたものをより発展させたものとなっている。

「時間給とは、単なる時間割の賃金ではなく、時間能率を前提とした時間建て賃金のことであり、その成立の背景には、近代的賃金管理の徹底や科学的な経営管理の確立という基盤がなくてはならない。

この意味において、わが国にみられるような、欠勤遅刻等に際して日割り、時間割で控除するいわゆる『日給月給制』は、時間給の原理に代わりうる性質のものではない。むしろ、根本の問題は、賃金における時間意識と時間能率の確立であり、この認識を十分に企業内に浸透させる必要があろう。

また、時間管理という経営体制を充実するため、時間研究、動作研究をはじめ、計画と統制の動きによって生産管理機構の整備をすすめ、このような条件の上に、『賃金』と『能率』との生きた結びつけをはかることが望まれる。」

ここから、賃金における時間意識と時間能率の確立によって、生産性を向上させたいという意図がみえてくる。また、時間管理の方式として、タイム・カードを作業現場に配置する「職場ごとの時間管理」方式や、業務命令を時間単位、分単位で行なう方法など、それまでの主張を繰り返している。しかし、相変わらず、労働時間にいかなる問題があり、職場でどのような問題解決が求められているのか、という問題意識はまったくみられない。むしろ、これまでと同様に、時間管理を能率向上のひとつの手段として位置づけられている点では一貫としている。

この『能力主義管理』で提起された生産性向上のための労働時間管理は、いっそう推し進められることになる。時間能率（単位時間に発揮すべき標準能率）の確立を進めることを強調し、ノーワーク・ノーペイの原則を貫くこと、また交替制の導入を通じた生産性向上が目指されるようになった。

先に指摘した第二の論点である時短問題について、経営側が意識するようになってきたのは一九七〇年代に入ってからのことである。

日本経営者団体連盟『変革期に立つ日本経済と賃金問題』（一九七二年）では、労働時間短縮の要請が高まったことを受けて、時間短縮は合理化にともなう生産性の向上が前提となるとの姿勢を示している。労働時間短縮のためには、「密度のうすい長時間労働を反省し」、改めて時間能率の向上が重要であると強調している。時間短縮問題に対する経営側の姿勢をよく表している。

さらに注目すべきは、時間能率向上のためには、経営効率化の達成が必要であるとして、少数精鋭化のための徹底した要員管理・教育管理、標準作業量・標準時間の設定による科学的管理の実施、小集団活動の展開など、時間管理の側面だけでなく人事労務管理全体を生産性向上に向けて動員することを主張していることである。

一九八〇年代に入ると、労働時間短縮へ向けた社会的要請がより一層強くなった。「おずおずとした」時短として週四〇時間労働制に向けて約四〇年ぶりに法改正が行なわれたのは一九八七年のことであったが、経営側がこれをどのように迎え入れたのか、日本の経営者たちが時間短縮をどうとらえていたのか、これを検討する恰好の材料がある。日本経営者団体連盟弘報部編『労働時間管理と労働時間短縮―その取り組み方と実際―』（一九八二年）である。これは、労働時間短縮の要請を背景に、経営側が今後いかなる労働時間短縮を図っていくか、その指針を示した報告書である。

労働時間短縮に対する基本的な姿勢として、「労働省のいうように、時短により労働者生活の充実を進めることは望ましい目標である」ことは認めつつも、「経済成長を大きくは期待できず、生産性向上も困難な状況の下で、その目標の急性な実現には多くの問題がある」として、「労働時間短縮が、決してたやすいものではない」と消極的な姿勢を示している。

そのうえで、長期的には労働時間短縮に取り組む必要性を認め、企業経営上の立場から留意事項としていくつかあげているが、そのうち二点を指摘しておきたい。

その第一は、「時短は、生産性向上の基盤の上に、生産性向上が先行し、結果として労働時間が短くなるというものではなくてはならない」という姿勢である。企業の発展と従業員の福祉にとっての基本要件は、経営基盤の確立とその体質の強化であって、時短もこれらに裏付けされた生産性の向上があって、はじめて実現可能なものである。その意味で、時短は従業員の福祉とともに経営効率向上を目標とし、両者の調和的実現を理念とすべきものであるとする。しかし時短は、人員増、残業増、コスト増、生産販売減、納期遅れなど企業経営へ悪影響をもたらす可能性があるから、それを最小限にとどめなければならないとして、時短を可能にする生産性向上に労使が前向きに努力し、協力する姿勢が不可欠であるという。

第二は、「時短は、生産性向上の成果配分の問題であるとの認識をもち、賃金その他の労働条件のパッケージ管理を基本とするべきである」との主張である。勤労者の福祉向上の原資は生産性の向上であり、向上を通じてしか実現しえない。生産性向上をともなわない時短は形を変えた賃上げであり、労務費コストと密接に関連する。したがって、時短に当たっては、時間当たり賃金を据え置いた形で行なうか、あるいはあくまで生産性向上を前提として、その成果配分の一形態として、その範囲内で賃金とその他の労働条件を一体のものとして、総労務費的観点からとらえるべきかであると主張する。さらには次のようにも言う。時短の速度を決定する経済的要因は、生産性上昇率と賃上げ率の二つであり、生産性を無視しての時短・賃上げは企業の活力を失わせ、最悪の場合は生活の源泉である企業の存立を危うくし、労組の主張する雇用の「創出」ではなく雇用の「喪失」をもたらすという認識を求める必要がある、と。ここにはっきりと、時間短縮に直面しても、経営者にとっては「労働時間問題とは生産性問題、労働効率の問題である」という姿勢を読み取れる。

このようなとらえ方を前提に、労働時間短縮へ向けた労働時間管理について、「時短には労働時間管理の見直し、整備が前提条件」であると主張している。これはどのようなことを意味しているのだろうか。次のように言う。

「労働時間管理には、労働時間の量とその配分問題と、その質、内容の充実という問題の両側面をもっている。労働時間の質の充実の問題は、単位労働時間当たりの労働効率をいかに高めるかの問題であり、労働生産性向上の問題であって、この面の充実こそ労働時間の量―時短を左右する前提条件である。わが国では、長年の労働力過剰も反映して、一般に時間の観念が希薄であるが、時間観念の徹底、勤労意欲の高揚による単位時間当たり労働効率の改善・向上が重要である。したがって、時短に当たっては、この視点からの労働時間管理の見直し、整備が前提となる。」

次に引用する文書は、以上のことをきわめて明瞭に平易な言葉で表している。

「全従業員が労働時間は賃金をはじめとする労働条件を含めてすべての成果の源であり、一〇〇%実働化さるべき時間であるとの意識に徹し、一切のアイドルタイムを排除し、出勤率向上をはかり、労働効率を高めること、時短・休日増が時間外労働や休日労働の増加とならないよう労使の意識改革を進め、積極的に残業を減らすよう努めることである。一〇〇%実働化には、わが国では時間当たりの賃金はいくらという意識がないが、賃金はあくまで労働時間に対するものであるという考え方（Time is Money）の浸透をはかることが有効とされる。なお、日本人の勤勉なことは世界的にも評価されているが、反面、『勤務時間は長いが、労働時間は短い』とか、『会社にいる時間』との意識はあっても「労働時間」という観念は薄いといった批判にも率直に耳を傾ける必要がある。遅れず休まずだけでもってよしとし、仕事はしなくてもいつも居残っていればよいというような勤勉の形骸化の下では時短は困難と言わねばならず、一部に残存する習慣化した低能率長時間労働を勤勉とする意識は急速に是正さるべきである。」

ここで言われていることは、実質的な意味での労働時間短縮ではなく、労働時間の長さが短くなっても、労働投入量を減らすことなく、「時間観念」を徹底して効率を上げることが可能な労働時間管理を確立せよ、ということに尽きる。時短が叫ばれるような時代になっても、また時短に向けた法改正を目前にしても、経営者の基本的な姿勢はそれ以前と何の変化もないことが確認できる。

最後に、具体的に提案されている対策のおもなものを列挙しておこう。

一　年間労働時間の合理化

・年間休日・休暇を見直して、合理的に配分（長期休暇、ゴールデンウィーク、自社休日カレンダー）

・有給休暇の合理化および取得の計画化（労使協議等による年休の計画的消化）

・休憩時間の長さ・取得方法の検討（食事休、交替方法の工夫）
・労働の多様化から業態・職種にふさわしい就業形態の検討（画一化の反省）
二　交替制の導入による機械・設備稼働率の向上
三　ノーワーク・ノーペイ原則の徹底
四　始・終業時刻のロス排除、出退勤管理の徹底（作業開始予鈴、タイム・レコーダーの職場転移、逆にタイム・カードの廃止）
五　ロスタイム、アイドルタイムの排除（会議の定刻開始、就業時間中の私用行為排除、出勤率・終業規律の向上）
六　残業の規制（上限を超える残業の事前承認性の徹底・提示退職日の設定）

以上から日本の経営者たちの労働時間管理のとらえ方は、次のようにまとめられるだろう。労働時間管理は、生産性向上を目的とする合理化手段である。労働時間短縮という社会的要請にも、生産性の向上にともなう労働時間短縮でもって対応しようとする姿勢は変わらない。あくまでも、労働時間短縮は、生産性向上のための手段に位置づけられてきた。本来、こうした経営側の姿勢に対し、労働側は、何らかの対抗策を講ずるものである。しかし、次にみるように、低賃金という問題によって、経営側による労働時間管理の合理化策を甘んじて受け入れてきた歴史がある。

（２）労働側：金銭清算を受け入れてきた歴史

経営側が経営合理化を推し進めるなかで、労働組合は、労働時間管理について、いかなる考えをもっていたのか、この点を明らかにしていきたい。

全日本労働総同盟（同盟）は、オートメーションをはじめとする技術革新が進展する過程で、労働形態が変化し、精神的疲労度の増大や疎外感の深まりなどの問題が顕在化してきているとし、労働時間短縮の必要性を主張する。労働時間短縮は、豊かな社会・生活を実現するための不可欠の条件であり、今日の労働組合運動における最も重要な課題であるとしている（全日本労働総同盟『高賃金・高成長をめざして：長期賃金計画による賃斗方針―一九六九年度「賃金白書」』、一九六八年）。

当時の日本の労働時間は、先進諸国と比較して長いと言わざるをえない状況にあったが、その理由は所定外労働が恒常化していることにあると指摘する。所定外労働は、もともと一時的な性質のものであり、天災やその他臨時に事故が起こった場合とか、一時的な時期に発生する繁忙の場合などに限られているはずであるにもかかわらず、それが恒常化しているのは、次のような二つの理由があるとしている。

第一に、日本では、多くの場合、あらかじめ生産計画のうちに時間外労働を組み入れており、所定外労働が連続的に行なわれ、常態化している。経営側にとって時間外労働は労務費を節約するための手段であったのである。

第二に、低い賃金のもとにあって、生活を支えるため、どうしても残業や休日出勤を行なうことによって収入を補わなければならない状況があるということである。自ら希望して時間外労働につく労働者も少なくなかった。超過勤務手当を生活費の一部としているのが実情であり、残業などをしなければ生活できないような賃金が、時間外労働を恒常化し慢性化させている要因のひとつであった。

こうした二つの要因が、労使ともに「時間外労働」に「メリット」を見出し、それを歓迎させているのだというのである。

この時期、日本労働組合総評議会（総評）もまた、労働時間短縮の必要性を主張している。一九六九年度に発表された「七〇年代の労働運動の基本的な方向」と題する「運動の基調」のなかでは、『人間性の回復』『もっと人間らしい生活』を目指し、「一五大要求」が掲げられている。その第一は、賃上げであり、その次に、労働時間に対する要求が示されている。それは、「首切り労働強化につながる合理化をやめ、週四〇時間、週休二日制の実施、すべての労働者への常用雇用の保証について」とあり、労働強化への批判と、雇用の保障とともに掲げられている（岩井章監修・労働運動史編さん委員会編集『総評運動の歩み』総評資料頒布会、一九七五年）。ここには、当時の週休二日制推進の機運が反映して、時短を目標とさせてはいる。しかし、その実態は、労働時間短縮よりも、賃上げを優先とした労使交渉が展開されていた。

当時の労働組合の二大ナショナルセンターの考え方に共通していることは、長時間労働に批判的ではあるものの、低賃金という悪条件の下で、それを補填する手段として時間外労働が「必要悪」だったと考えられる。しかも同盟と総評という犬猿の仲のナショナルセンターではあったにもかかわらず、時間外労働の位置づけにおいては大きな違いがなかったとすれば、当時の労働組合と労働者に共通した考え方だったといってよいだろう。経営側がコスト削減の手段として時間外労働を利用していたとすれば、労働側は低賃金の補填手段として時間外労働を利用していたという構造が浮かび上がってくる。不本意ではあったかも知れないが、労使の利害はこうした点で一致したと言えよう。

ここには時間外労働を「賃金」で精算してくれれば必ずしも「悪」ではない、むしろ歓迎さえできるという当時の組合に共通した考え方を見て取れる。「時間」を賃金ではなく、「時間」で精算しなければならないという思想が希薄だったのである。こうした考え方が「労働時間管理」を生産性向上の手段とすることを可能にし、それに対決する姿勢を希薄化させてきたと考えられる。

この考え方は一九九〇年代以降にも受け継がれることになるが、しかし、注意を要するのは経営側の労働時間管理のすべてを容認してきたわけではないという点である。金銭で精算できない課題に直面したときには、「優しい」日本の労働組合と労働者も批判的行動をとってきた。近くはホワイトカラー・エグゼンプションに対する反対もそうであったが、当時にあって、労働時間管理の一環として採用された交替制にたいする規制がその例である。後の議論の参考のためにも簡単に紹介しておこう。

前述したように、当時、交替制が普及していた。しかしこの時間管理制度は、夜間労働を余儀なくさせ、また昼夜の変則的労働となるため疲労が多く、さまざまな問題を含んでいる。労働組合としてもこの点は無視できない。交替制は労働者に多くの弊害をもたらすと労働組合は警鐘を鳴らす。つまり、第一に、多くの交替制が夜勤をともなうため、異常な時間帯に労働しなければならず、そのため疲労は蓄積され健康を損ねる危険性が増す。第二に、交替制労働は、社会生活にも多くの不利益を生じさせるだけでなく、労働者の家族にも多くの負担が生じる。連続操業についている場合には、日曜に休める数はきわめてわずかであり、社会的にも家庭的にも大きな犠牲を強いるものであり、不利益を負うことになる。

こうした問題点を受け、同盟は、ＩＬＯなみの条件を満足させ、また労働時間短縮を進めていくためにも、四組三交替への移行の必要性を強く主張した。①直間隔は一六時間ないし二四時間となる、②夜勤明けのあと四八時間の休憩をとることができる、③連続勤務をさけることができるので長時間労働による疲労が妨げられる、④反生理的な夜勤は二日程度続けるだけであるから夜間労働による弊害が少なくなる、⑤夜勤明け後十分な休養と睡眠がとれるから一週期間の疲労を次週に持ち越すことが少ないなど、多くのプラスの面があるというのが四組三交替への移行を必要とする理由であった。

こうした運動があって、四組三交替制が普及することとなったのである。長時間労働の金銭での「精算」では精算にならない事態については、生産性向上を第一とする経営側も、生産性に悪影響をもたらす要因については譲歩したのであろう。ここにみられる視点は、九〇年代以降、さらに発展する可能性をもったものとして注目しておきたい。

（3）生産性向上のための労働時間管理と金銭清算の歴史

ここまで、戦後から一九九〇年代に至るまでの労働時間管理の実態を考察し、その前提として、当時の労使双方が労働時間についてどのように考えていたのか、過去の資料をもとに考察した。

第二次高度成長の終焉直前に行なわれた「労働時間管理」の実態調査によれば、交替制やタイム・レコーダーの現場への移動、面着制などを通して、労働時間の実質的な「延長」と効率的・「合理的」使用を目的とした時間管理が主流であった。内容的には限られた（法定）労働時間内の労働投入量の最大化である。あれこれの制度的な工夫はすべてこのような、労働投入量の最大化を通した労働生産性向上に向けたものであった。つまり、労働時間管理とは「生産性向上の手段」の労務管理以外の何物でもなかったということであった。こうした姿勢は一貫していた。

このような時間管理を可能にさせていたのは、「労働時間」に関する当時の労使の考え方にあった。第一次高度成長を経た当時の経営側の主要な課題は国際競争力の強化であった。それまでとは違って自由貿易を強いられるようになったからである。そのために労働生産性の向上が至上命題となった。「労働時間」の節約と生産性向上に向けて、「ムリ・ムダ・ムラ」排除と労働時間管理はそのための手段とされたのである。

こうした経営側の労働時間管理の姿勢に対し、労働組合側は、労働時間の長さや生活のリズムを壊す交替制勤務に対して批判的な視点をもっていなかったわけではないが、労働時間そのものに対する強い関心や、積極的な取り組みは少なかった。時間よりもむしろ賃金を重視したのである。春闘は労働条件を向上させるための日本の労働組合が生み出した独特な運動であったが、一九六五〜七四年の「生産性上昇後追い型春闘」、一九七五〜九〇年の「物価上昇後追い型春闘」と、高梨昌がこのように命名したように、労働条件の向上を経済要求に特化したのであった（高梨昌『変わる春闘―歴史的総括と展望―』日本労働研究機構、二〇〇二年）。低賃金であったから組合員もそれを支持した。労働時間が長いという実態を認識しつつも、生産性向上にともなう賃上げを優先とした春闘を展開し、また時間外労働についても手当の支払いという形で「金銭」で精算することを良しとしてきたのである。

経営側は生産性の向上、労働側は賃金に関心をもっていたため、生産性の向上とその見返りとして時間外手当、この金銭での精算によって労使の利害が調整されていたと言えよう。ここに、時間外労働は「賃金」で精算してくれれば必ずしも「悪」ではない、生産性向上があるから、むしろ歓迎さえできるという当時の労使に共通した考え方を見て取れる。「時間」を賃金ではなく、「時間」で精算しなければならないという思想が希薄だったと言わざるをえない。こうした考え方が「労働時間管理」を生産性向上の手段とすることを可能にし、それに真っ向から対決する姿勢を希薄化させてきたのである。

だが、この姿勢は「見返り」または精算が金銭では済まなくなってくるに連れて危うくなる。当時にあっても、過酷な編成の交替制勤務は金銭での精算が困難になってくる勤務条件のひとつだった。組合もまたこの点に直面すると「時間」＝「生活」を重視した改善闘争に取り組むことになった。四組三交替制の交替制制度がそれであった。しかし、「時間」には「時間」での精算を、これが一般的に切実なものになるのはもう少し先のことである。かのメーデーの起源とされるアメリカ・シカゴのゼネストでのスローガン「第一の八時間は仕事のために、第二の八時間は休息のために、そして残りの八時間は、私たちの好きなことのために」が現実味をもってくるのは、ＩＣＴとグローバリゼーションがホワイトカラー労働者に過労死をもたらすまでになった一九九〇年代以降のことである。

3　一九九〇年代以降の労働時間──時短が一つのテーマに

ＩＣＴとグローバリゼーションの進展のなかで、フレキシブルな働かせ方が可能な労働時間管理・人事労務管理が職場を支配するようになり、それにともなって超長時間労働が顕著になったことを論じてきた。その一方で、過労死・過労自殺さらにはメンタルヘルスなど長時間労働による弊害が指摘され、ＫＡＲＯＳＨＩとして国際的にも知られるようになった。他方で、二〇〇〇年代になると、合計特殊出生率が一・四台を割り込み、また六五歳以上の者の総人口に占める割合を示す高齢化率が二〇％に近づくなど少子高齢社会に突入し、ワーク・ライフ・バランスが叫ばれるようになってきた。こうして長時間労働問題が、たんに労働時間の長さだけでなく、「健康と生命」にかかわる問題としてとらえられるようになってきた。労働時間の短縮がいよいよ社会的な課題として浮上することになったのである。

ここで、一九九〇年代以降の労働時間短縮への取り組みを検討する。まず労働時間短縮についての経営側の考え方とその姿勢を確認し、続いて労働組合の考え方を検討する。経営者側については、前項で詳しく取り上げたので、簡単に確認するにとどめ、労働組合の労働時間短縮に対する取り組み状況や組合員の意識を、日本労働組合総連合会（連合）が実施したアンケート調査をもとに詳しく検討する。その理由は、労働組合の時短への姿勢が大きく変化したと考えられること、また時間短縮の実現は労働組合の取り組みが決定的であると考えるからである。

（1）あくまで「生産性向上のため」の経営側

第1章で詳しく検討した日本経営者団体連盟「新時代の『日本的経営』」（一九九五年）は、労働時間は、職務内容が変化する一方で従業員の意識が多様化し、従来のような画一的な管理では対応できなくなってきているとして、「新しい労働時間のあり方」を提唱している。新しい労働時間制度とは、従来の画一的な労働時間管理ではなく、多様な労働時間制度もつ時間管理を意味し、よりフレキシブルな労働時間を管理できるようにすることを意味する。「新しい労働時間のあり方」が必要とされる背景として、職務内容が変化する一方で、従業員の意識も多様化し、従来のような画一的な労働時間管理では対応できなくなってきていることにあるとされている。

従来までの労働時間短縮要請に対しては次のように言う。労働時間管理の見直しは、従業員の意識改革をともなってはじめて成功するのであり、これからは、働いている労働時間の長さに重きを置くのではなく、働いた成果によって従業員の仕事ぶりを評価し処遇するとの視点に切り替えることが必要である、と。そのことによって、従業員の意識が変わり、仕事と余暇のメリハリのある生活の実現が可能となるとしている。

二〇〇〇年以降はどうであろうか。メリハリのある生活として、仕事と育児・介護などの両立を可能とする職場環境づくりをめぐる議論が活発化した。ワーク・ライフ・バランスをめぐる議論である。経団連の考え方は、両立支援策、労働時間短縮などの施策をそれ自体としてとらえるのではなく、生産性の飛躍的な向上を実現できるような新しい働き方への挑戦と位置づけることを基本とするべきであるとしている。多少の違いはあるものの、基本的にはこれまでの経営側の姿勢と同じである。

たとえば、日本経済団体連合会『二〇〇九年版経営労働政策委員会報告』(二〇〇八年)では、ワーク・ライフ・バランス確立のために、自律的で多様な働き方を可能とする法制・インフラの整備が必要であるとし、また各企業にあっては、裁量労働制の拡大、自律的な働き方を促すための評価制度の見直しの重要性を主張する。育児・介護など、仕事以外の生活を大切にしたいと望む労働者も増えており、多様化する労働者のニーズに対応し、ワーク・ライフ・バランスを促進していくためにも、とりわけ裁量性の高い仕事をしている労働者については、従来の労働時間法制や対象業務にとらわれない、自主的・自律的な時間管理を可能とする新しい仕組みの導入を検討するべきであるとしている。

経営側が、ワーク・ライフ・バランスに取り組む理由は、生産性の向上にある。これは、従来までの労働時間に対する経営側の姿勢と同じである。つまり、ワーク・ライフ・バランスの対象者である長時間労働を行なっている正規ホワイトカラー労働者の生産性向上を目的として、ワーク・ライフ・バランスの議論が展開されているのである。この点について日本経済団体連合会『二〇一一年版経営労働政策委員会報告』(二〇一〇年)では、次のように主張する。「企業が推進するワーク・ライフ・バランスは、従業員の人材の力を最大限に引き出すことを目的に、労使が協力し合いながら多様な働き方を促進し、従業員の就業継続に努めるものであり、わが国企業が強みとする長期雇用に資する施策としても重要」なのである。イノベーションの創出が求められる今日、ワーク・ライフ・バランスの推進の目的は、ホワイトカラー労働者たちの働き甲斐を向上させることで生活全般の満足度を高め、それが新しい発想、新しい視点をもつ契機となるとし、「仕事の充実と、生活の充実の相乗効果(シナジー効果)」を生むことを期待しているのである。

しかし、このような経営側の期待にもかかわらず、実際には、ワーク・ライフ・バランスへの取り組みは、経営側が言うようには、生産性向上に直結していない。事実、第一生命経済研究所「企業における仕事と子育ての両立支援に関するアンケート」(二〇一〇年)によると、両立支援の効果として「会社の生産性が向上した」と回答した企業は三・七％と低い。このことを受け、日本経済団体連合会は、両立支援措置をはじめとする施策は、優秀人材の定着、意欲の向上などに資するものの、それ自体に生産性を短期的に向上させる効果は期待できないことを率直に認めている。それを認めたうえで、なお、企業はワーク・ライフ・バランス施策を展開する前提として、生産性の向上に取り組まなくてはならないとして、あくまでも生産性向上に固執する。

そのためには経営者のリーダーシップと労働組合の理解・協力が求められる。何より従業員一人ひとりが効率性を高める工夫や、付加価値の高い仕事を創造していけるよう能力を高めていくことを掛け声だけに終わらせないためには、従業員の働き方に対する意識を高めるべく、断固たるメッセージを繰り返し発信する経営者の役割が重要となる。経営幹部が集まる会合において定期的に残業の多い職場の部門長に改善を促すことで、生産性向上の意識を徹底する工夫を行なっている企業もみられると具体事例を上げて強調している。また、具体的な仕事の遂行にあたっては、効果的な業務改善を無理なく実現するには、チームの各メンバーの年間業務の標準化や、仕事の重要度と投入時間のバランスをとることが有効であると指摘し、管理職向けのタイムマネジメント研修や、定期的に部下が仕事内容を申告する制度など、管理職のマネジメントを得支援するための仕掛けづくりが欠かせないと言う。

このように、経営者のリーダーシップを強調する一方で、労働組合の理解と協力を得ることが必要だとも言う。そこでは、ワーク・ライフ・バランスに関する労働組合側の主張は、時間外割増率の引き上げや、要員増といった点に軸足を置いて主張することが多いが、これらは総額人件費の上昇をまねく一方で、生産性向上には直接結びつかないものであると批判しつつも、今後の経営側の課題として、配転・出向などの要因の戦略的配置も含め、生産性の向上に向けた労使の連携がこれまで以上に期待されるとしている。

こうした経営側の労働時間短縮へ向けた考え方に対し、労働組合は、どのように要求を掲げているのだろうか。

（2）労働側の時短に対する考え方

こうした経営側の労働時間短縮に対する考え方に対して、労働側はいかに考え、行動してきたのか。ここでは、一九九〇年代に入る前後と、二〇〇〇年代に入ってからの労働組合の姿勢を検討する。二〇〇〇年代に入ってからの労働組合の姿勢に変化がみられるからである。

①一九九〇年代初頭：所定外労働に頼らざるを得ない実態

連合総合生活開発研究所『所定外労働時間の削減に関する調査研究報告書』（一九九一年）は、一九九〇年代に入る前後の（その調査時期が、バブル経済のさなかであることに注意すべきである）、労働側が労働時間短縮についていかなる姿勢をもち、どのように経営側との労使交渉に臨んでいたのかを知るうえで有効な資料である。

所定外労働時間についての組合と組合員の評価

所定外労働についての労働組合としての回答をみると、「現状程度の所定外労働は基準内賃金が低いので必要」（四・六％）や、「現状程度は仕事の性格上やむを得ない」（一三・八％）とする肯定派が一八・四％、「一定限度内に制限すべきだ」（五三・〇％）の制限派が約半数、「計画的に削減し、原則的にはな

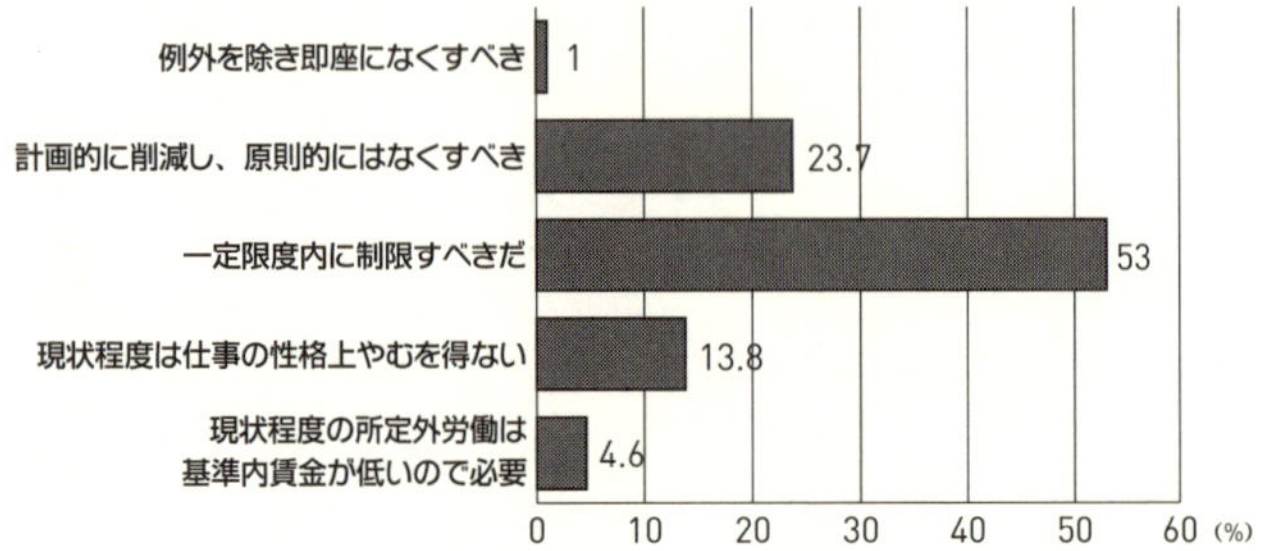

連合総合生活開発研究所（1991）より筆者作成。

図3-3　所定外労働についての組合の考え方

くすべき」（二三・七％）や「例外を除き即座になくすべき」（一・○％）とする否定派が二四・七％となる。つまり大半の組合は現状の所定外労働時間は長すぎるとみており、その削減の程度について評価が分れ、現在のところ制限派が多いという結果になっている（図3－3）。

一般の組合員はどうであろう。所定外労働をどうしたらよいかについては、「もっと減らすのがよい」（四〇・八％）、「なくしたほうがよい」（二二・五％）と削減派と廃止派を合わせると六三％を超える。これに対して「現状程度でよい」（三二・五％）、「もっと増やすのがよい」（一・四％）とする肯定派は三四％強である（図3－4）。組合調査より組合員調査のほうが、明確に批判的な意見が多いことに留意すべきである。

ただし、この資料から読み取るべきは、労働組合も組合員も、所定外労働時間は長いと認識はしているものの、原則として所定外労働時間を撤廃すべきだとする意識には至っていないということである。バブル経済期であるにもかかわらず、労働時間短縮へ向けた意識は高くはなく、むしろ逆に経済的な要因から、所定外労

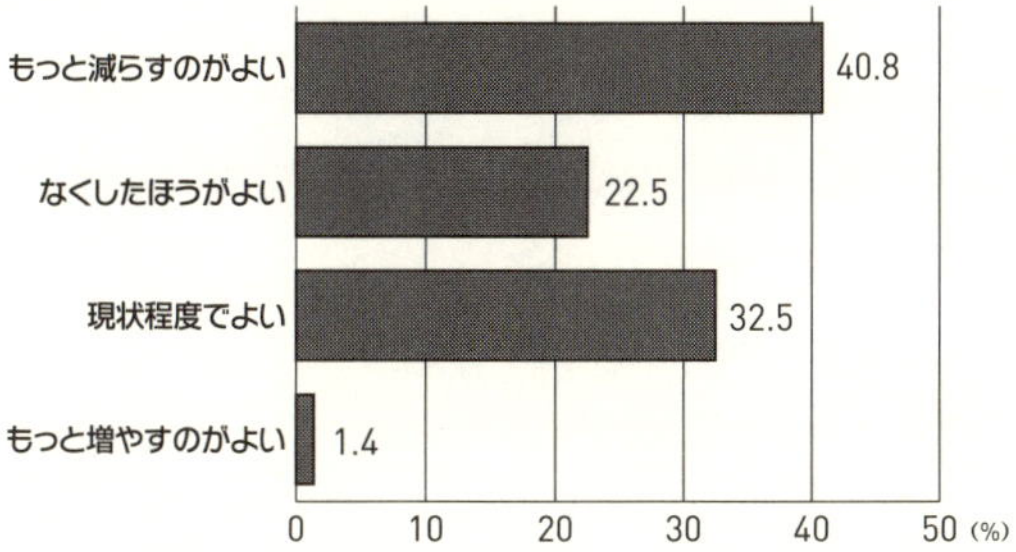

連合総合生活開発研究所（1991）より筆者作成。

図3-4　所定外労働についての組合員の評価

働時間を容認する姿勢をもっていたことを看過すべきではない。

所定外労働時間削減へ向けた取り組み状況

第二に、所定外労働時間の削減に向けて、労働組合はどのように取り組んでいるのか、組合員はどのような方策を望んでいるのだろうか。この問題についてみておこう。

所定外労働時間削減のための規制値を「設定している」組合は三九・七％で、これに対して「設定していない」が五六・九％である。先にみたように、所定外労働を規制もしくは削減すべきという組合が八割に近かったにもかかわらず、わずか四割が具体的な目標をもって取り組んでいるにすぎないということになる。労働組合のこの所定外労働時間削減に向けた取り組みの立ち遅れは看過すべきではない。また、規制値を設定している組合の規制内容は、「月当たり」が大半で、平均三七・〇時間となっており、男性の月当たり三六協定の平均四二・八時間との差はわずか五・八時間にすぎない。ごく控えめな水準に驚かされる（図3－5）。

また、所定外労働削減の会社への要求状況については、「要求し

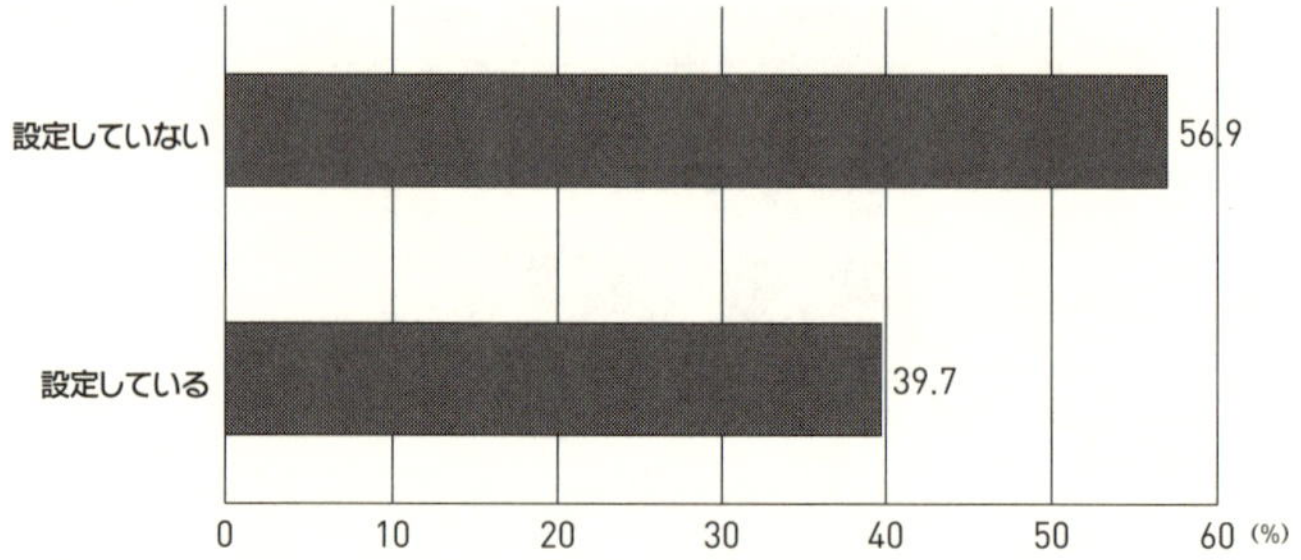

連合総合生活開発研究所（1991）より筆者作成。

図3-5　所定外労働時間削減の規制値（目標値）の設定状況

てなく、当面要求の予定なし」が二九・三%で、「本年度要求」二九・三%、「昨年度要求」二一・五%、「来年度要求予定」一一・九%と、本年度から来年度にかけての要求組合は合わせてもわずか四割にすぎない。

所定外労働時間の削減を求める理由（複数回答）については、「産別組織の時短目標がある」五七・四%、「他産業・企業と比較して時間が長い」四七・五%、「削減を求める組合員の声が高い」四一・四%が三位までを占め、次いで「国際比較で労働時間が長すぎる」三一・七%、「削減しないと新規労働者がこない」二五・四%が続いている。

さて、以上のことから、バブル絶頂期の一九九〇年代初頭の労働組合は時短への姿勢はきわめて消極的であったことがわかるが、「所定外労働の削減」に向けて具体的にはどのような対策を採っていたのかみておきたい。後の組合の姿勢とも関わる重要なポイントなので、少し細かく考察しよう。

所定外労働時間削減へ向けての組合の具体的な対策について、その取り組み状況（複数回答）は次の通りである。

「特に対策・方針はない」は二・九％にすぎず、ほぼ全組合で何らかの取り組みを行なっている。具体的な取り組みとしては、率の高い順に三〇％を超えたのは、次の八つである。「三六協定の締結など、会社との間で所定外労働時間の上限の短縮」（五三・〇％）、「要員増、配置の適正化」（五二・五％）、「ノー残業デーの実施」（四三・八％）、「設備投資などによる省力化、合理化」（四二・八％）、「労使一体の計画的削減の運動の展開」（四三・八％）、「組合員の意識を高めるキャンペーン」（四二・四％）、「フレックスタイムなどの導入」（三八・〇％）、「所定外労働時間の割増率の引き下げ」（三二・〇％）である。このように、組合は多様な対策に取り組んでいるものの、その取り組み方に統一性があるとは言えない（図3−6）。

組合が取り組んでいる所定外労働時間削減の対策のなかで、最重要対策は次の三つである。それは、「労使一体の計画的削減の運動の展開」（二五・〇％）、「三六協定など、会社との間で所定外労働時間の上限の短縮」（一六・六％）、「要員増、配置の最適化」（一四・三％）である。このほか、「ノー残業デーの実施」（七・〇％）、「フレックスタイムの導入」（五・六％）が続いているが、率は低い。

組合員の所定外労働時間削減へ向けた会社、組合への要望（複数回答）について、上位五つをあげると、「仕事量に対応できる要因数を労使で協定して決める」（五五・九％）、「所定内賃金だけで生活できるよう、賃金水準を引き上げる」（五五・〇％）、「会社の生産・業務計画を改善させる」（二八・〇％）、「所定外の賃金割増率を大幅に引き上げる」（二七・〇％）、「所定外労働時間の月間・年間の上限の短縮」（二四・四％）、次いで「フレックス制の導入」（二一・四％）、「ノー残業デーを拡大する」（二〇・六％）、となっ

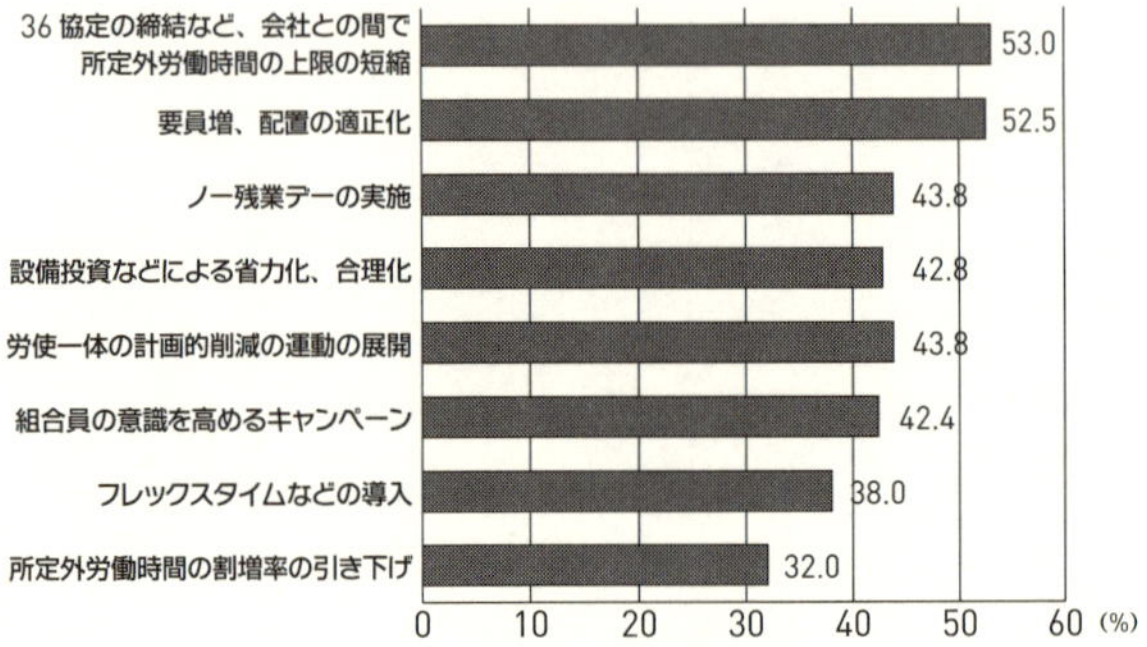

連合総合生活開発研究所（1991）より筆者作成。

図3-6　所定外労働時間削減へ向けての組合の具体的な対策

ている。組合員からの所定外労働時間削減に向けた声は、要員の確保と残業しなくとも人並みの生活ができる賃金水準への引き上げに対して特に強い（図3－7）。

組合が所定外労働時間の削減に取り組むに当たって、障害や問題になる点（複数回答）は、回答の多い順に次のようになっている。「慢性的人手不足状態で、削減すると事業活動に支障がでる」（六二・五%）、「収入が減少する」（六〇・〇%）、「削減すると新たな人員が必要になる」（四八・二%）、「仕事の季節変動に対応できない」（四〇・二%）、「取引先の発注に時間的な余裕がない」（三八・三%）、「顧客サービスが低下する」（三四・一%）である。組合員の収入減少に組合が考慮せざるをえない状況をどう考えるべきか。それ以上に、労働組合が人員問題や仕事へのマイナスの影響を配慮さえしているのである。一般組合員の要望と組合幹部の姿勢に大きな乖離があることに驚かされる。時短が進まない責任の一端が労働組合側にあるといえば言い過ぎだろうか。

以上の連合総合生活開発研究所の調査結果から、一九九

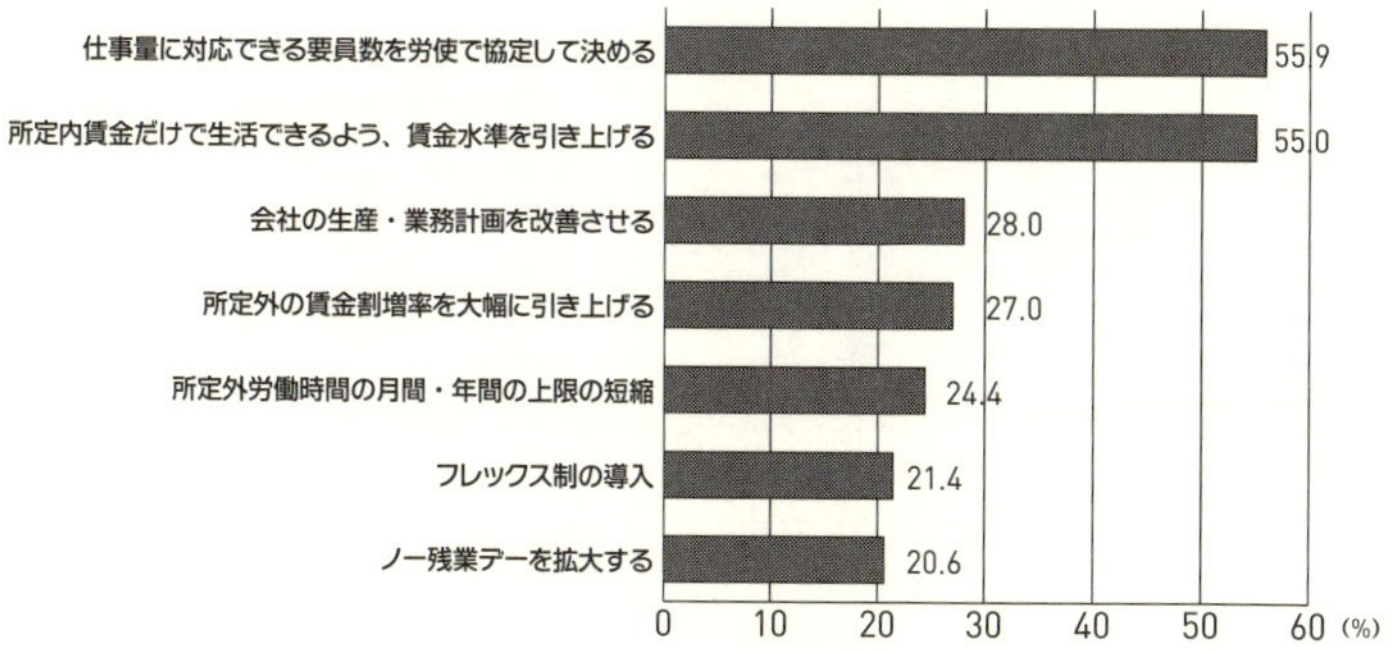

連合総合生活開発研究所（1991）より筆者作成。

図3-7　組合員の所定外労働時間削減へ向けての会社、組合への要望（組合員調査）

○年代初頭において、労働時間短縮へ向けた取り組みが積極的に行なわれていたことは読み取れない。労働側は「所定外労働時間は長い」との認識はもっていたが、所定外労働時間を撤廃すべきだとする意識には至っていない。労働時間短縮へ向けた意識は決して高いとは言えず、むしろ、経済的な要因から、所定外労働時間を容認する姿勢さえもっていたことが読み取れる。一般組合員が「所定内賃金だけで生活できる」賃上げを求めているにもかかわらず、その賃上げを実現できず、所定外労働に頼らざるを得なかったのである。こうして掛け声とは裏腹に、労働時間短縮への取り組みは積極的に行なわれることはなかったのである。それどころか、労働組合が人員問題や仕事へのマイナスの影響を配慮さえしているのである。これまで、批判されてきたように、労働組合の労働時間への規制力は強いものではなかった。日本の労働時間が長すぎる責任の一端は当の労働組合にもあったと言わざるをえない。

しかし、二〇〇〇年代に入り、この労働組合の姿勢は、バブル崩壊以降、変化を見せ始めることになる。その背景にいかなる要因があったのか。

②二〇〇〇年代以降：ようやく時短へ向けて本腰に

一九九〇年代以降、所定外労働時間が増大傾向になった結果、さらに長時間労働問題は深刻化し、メンタルヘルスの問題や、過労死・過労自殺の問題が注目を集めるようになった。このようななか、労働組合は、労働時間短縮へ向け、いかなる考え方でどのような取り組みを行なおうとしているのか。近年の労働組合の労働時間短縮へ向けた考え方について、連合『連合二〇一一年度労働時間調査』(二〇一二年)、および、連合『二〇一三春季生活闘争中央検討論集会資料集』(二〇一二年)をもとに明らかにしたい。

第一に、所定外労働の削減についてはどうであろうか。図3－8は、労働時間短縮のための直接的要求・取組の状況に関し、「所定外労働時間削減」への取り組み状況を示している。「取り組んでおり成果があった」(四〇・三%)、「取り組んだが前進しなかった」(四三・〇%)となっている。所定外労働の削減に取り組んでいるという回答が、八割以上に上っている。先にみた一九九〇年代の要求状況(図3－5)と比較すると、労働組合の所定外労働削減への意欲は、この二〇年の間に、大きく向上していることが明らかである。しかしながら、時短に取り組んだ組合が八割以上あるのに、成果がなかったとする組合が多いのである。なぜなのか。

また第二に、上記のことと関連して、成果があったとするところの年次別変化をみてみよう。労働

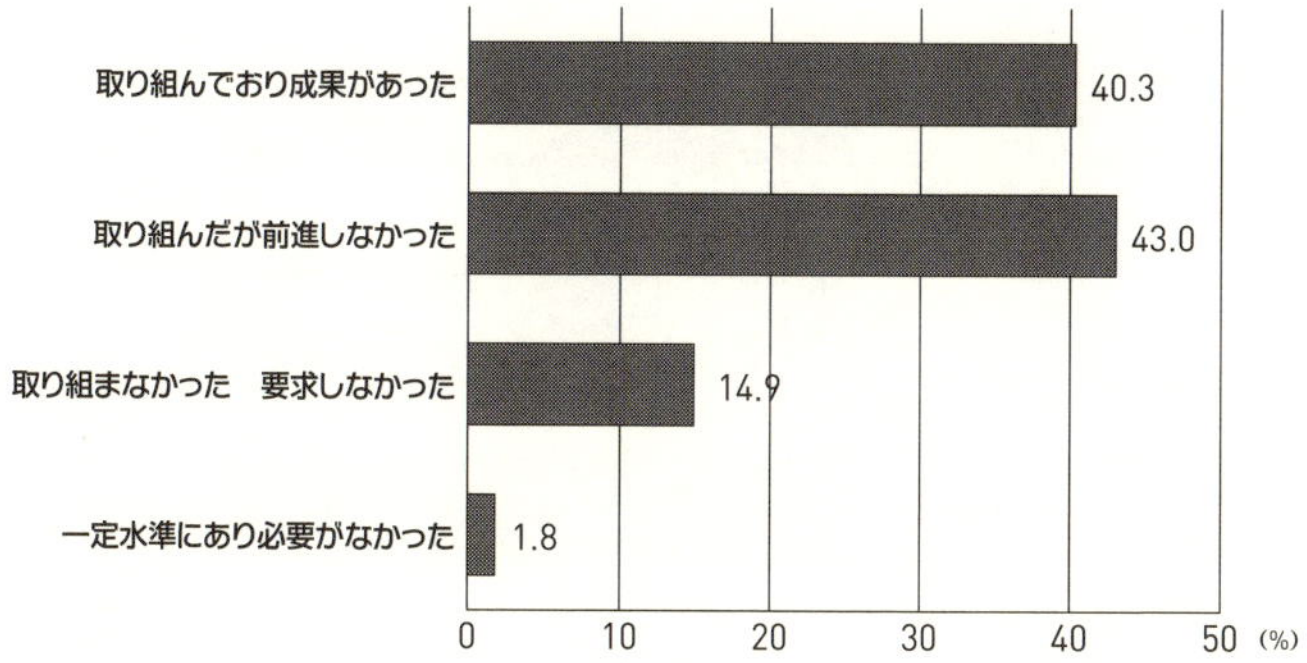

連合（2012）『連合2011年度労働時間調査』より筆者作成。

図3-8　労働時間短縮のための直接的要求・取り組みの状況「所定外労働削減」

時間短縮への取り組みの成果があったと回答する労働組合は、二〇〇四年（二七・五％）、〇六年（二九・一％）、〇七年（三七・〇％）、〇八年（三六・五％）、〇九年（五一・四％）、一〇年（五〇・五％）、一一年（四〇・四％）となっている。二〇〇四年以降、労働時間短縮への取り組みに成果があったと回答する労働組合の割合は、一一年に下がるものの、上昇傾向にあるといえよう。

第三に、時短の実現には持続的な取り組みが必要であるが、組合が中長期的な時短獲得に向けた要求・取り組みをしているのかどうかについて調査している。「労働時間の労使協議の設置運営」（八二・六％）、「労働時間の点検活動」（八七・五％）、「過重労働の是正」（八三・〇％）となっており、三つすべての項目において、八割以上の労働組合が取り組んでいる（図３－９）。

このように、近年、労働側が積極的に労働時間短縮に取り組んでいる背景には、二〇〇七年に連合によって打ち出された「年間総実労働時間一八〇〇時間の実

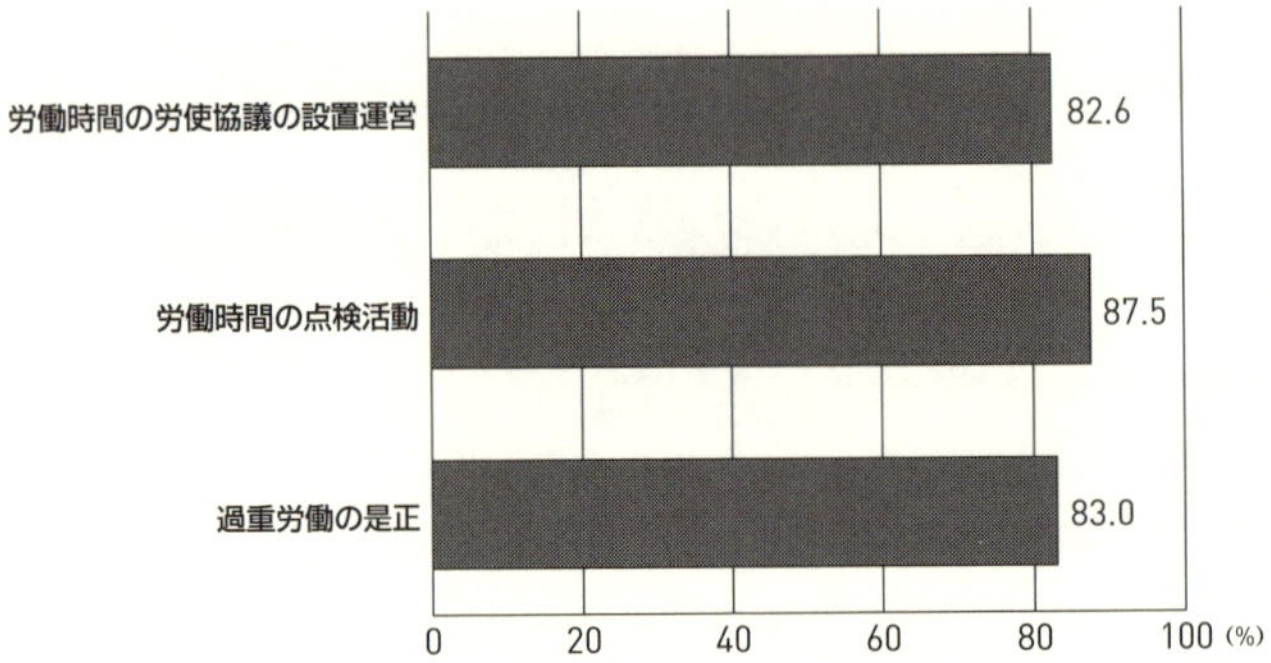

連合（2012）『連合2011年度労働時間調査』より筆者作成。

図3-9　中長期的な時短獲得に向けた要求・取り組みの有無

現に向けた時短方針―誰もが仕事と生活の調和のとれた働き方・暮らし方ができる労働時間をめざして―」の存在がある。その序文には、以下のような労働時間短縮への考え方が示されている。

「連合は、『ゆとり・豊かさ』を実感できる社会の実現をめざし、数次にわたり『時短方針』『時短計画』を策定して、労働時間短縮の取り組みを進めてきた。その結果、一定の成果をあげることができたものの、バブル経済崩壊後、長引く経済不況のなかで労働時間の短縮は足踏みを続けている。人員削減により一人あたりの負荷が高まり、また基準内賃金が低く時間外手当を生活のために組み込まざるを得ない労働者も多く、今日では年間総実労働時間は二〇〇〇年代に高止まりした状態にある。さらに、パートタイマー等の増加と相まって労働時間の長・短二極化が進み、超長時間労働や不払い残業も社会問題化している。長すぎる長時間労働は労働安全衛生面からも問題となっている。

一方、労働時間の短縮を促進し、労働者のゆとりある生活の実現に資することを目的に一九九二年に制定された『時短促進法』は、『労働時間等設定改善法』へと改正され、条文から『時短』という文字が消えた。

しかし、正社員はもとより契約社員や派遣社員などフルタイムで働くすべての労働者にとって、『年間総実労働時間一八〇〇時間』は、ワーク・ライフ・バランス（仕事と生活の調和）の視点から、健康でゆとりある働き方を実現するための目標として、必要である。連合はこのため、二〇一二年度を最終年度とする本方針に基づき、労働時間短縮の取り組みを進めていくこととする。」

この時短方針では、長時間労働の原因として、「人員削減・リストラによる正社員の労働負荷の高まり、サービス産業の発展、消費者指向の経済活動、年中無休、二十四時間営業、即日・翌日配達等の常態化、さらに経済のグローバル化、規制緩和による企業間競争の激化」が挙げられ、それらが長時間労働に拍車をかけているとされている。こうした長時間労働の事態に対して、「厳しい経済情勢の中で雇用を重視せざるを得ないという事情があったにせよ、労働組合としての対策が不十分であったことは否めない」と、これまでの取り組みが不十分であったことを自己批判したうえで、長時間労働をはじめとする労働時間の改善は、労働組合にとっての喫緊の課題であるとしている。

これまでの反省をふまえ、労働時間短縮のための取り組みの指針として、七点挙げている。それは、①時短意識の向上と職場風土の改善、②適正な労働時間管理の徹底と過重労働対策の強化、③年間所定労働時間の短縮、④時間外労働の削減、⑤年次有給休暇の完全取得、取得率の向上、⑥パートタイム労働者等の課題、⑦労働時間等設定改善法の活用、である。ここでは、とりわけ、④時間外労働の削減への取り組みに着目したい。時間外労働の削減としては、職場点検活動と要因配置、三六協定の適正な締結・運用の点検、時間外割増率の引き上げの三点が挙げられている。つまり、所定外労働の削減へ向けた職場規制の重要性が主張されているのである。

しかしながら、この時短方針が出されて五年が経った二〇一二年、そして今日でも、その目標が達成されていない。この原因は何か。筆者は、労働側の取り組みが、労働時間管理に関わる人事労務管理まで、十分に踏み込まれていなかったことにあると考える。時短への方針へ向けて示されているのは、労働時間管理の適正化、および必要な人員配置を行なうことである。労働時間を示す算定式で示した、労働時間と人数については、適正化への方針が示されているものの、スキルレベル、労働強度、そして、業務量（労働導入量）に関する方針はここでは示されていない。長時間労働が、よりよい労働環境を求めるというレベルではなく、労働時間の長さが生活時間を圧迫し、「健康と生命」を脅かす問題にまでなっている現在、いかに既存の人事労務管理の問題に取り組み、労働時間短縮へ結び付けていくのか、が問われているのである。

第4章　労働時間短縮へ向けた企業の取り組み

一九九〇年代から、労働時間短縮に取り組む企業が徐々に増えてきた。もちろん、それは、前章で述べたような、時短への社会的な要請があったからである。二〇〇〇年代以降、それまでの事情とは異なって、ワーク・ライフ・バランスの必要性を認識し、労働時間短縮に取り組む企業も確かに増加している。これらの企業が行なった労働時間短縮への取り組みはいかなるものだったのか。近年、人事労務のフレキシビリティが展開されている一方、ワーク・ライフ・バランスの実現、また、CSRといった観点から、労働時間短縮に取り組む企業が存在している。それら労働時間短縮に取り組んでいる企業は、いかなる取り組みをしているのか。第1章でみた労働時間に影響する人事労務管理である労働時間管理、人数、スキルレベル、労働強度に対し、いかなる取り組みがなされているのか、労働時間を示す算定式をもとに労働時間短縮の事例を考察する。また、労働組合が労働時間短縮に介入することで、介入しない場合と比較して、どのような違いがみられるのか。この点についても、検討する。

まず、各種資料をもとに、労働時間短縮に取り組んだ事例の分析を行なう。収集事例には、産業、業種、企業規模の限定は行なっていないし、また、それぞれの事例の情報量にも偏りがあることは否めない。しかし、ある種の傾向は把握できると思われる。

事例を分析する際には、労働時間短縮への試みが人事労務管理にいかなる影響を与えたのか、この点に留意する。ここまで述べてきたように、長時間労働が発生するのは、人事労務管理の結果であるという理由からであり、また労働時間を短縮させるためには、労働時間のみに着目しても困難であるためである。また、労働時間短縮に労働組合はいかに介入したのかについても併せて注目したい。経営側にとって、労働時間短縮は、生産性の向上を前提とするものであった。その経営側の姿勢に対し、労働組合はいかに対応したのか。各種事例を通じて分析を試みる。しかし、それでは詳細まではわからない。そこで、日本の職場における労働時間短縮への取り組みの特徴をみたのち、後半では、労働時間短縮に取り組む企業への調査を通じて、その実態を明らかにしたい。

1 日本の職場における時短へ向けた取り組みの特徴

（1） 収集した事例について

収集した事例は、次の通りである。日本経団連事業サービス賃金センター『職務研究No.269.9』（二〇〇九年）より、四つの事例を集めた。また、連合総合生活開発研究所『所定外労働時間の削減に関する調査研究報告書』（一九九一年）において紹介されている、労使が一体となった労働時間短縮の事例をもとに五つの事例を集めた。さらに、千頭洋一「ＵＩゼンセン同盟における労働時間適正化への取り組み」（二〇〇八年）をもとに四つの事例を集めた。ただし、これらは経営側、労働側それぞれの側からの紹介であるため、これまでみてきたような労使間における意識の違いが反映されている可能性もある。そこで第三者機関として労務行政研究所から出ている『労政時報』からも事例を集めた。『労政時報』では、二〇〇五年から二〇〇八年にかけて、長時間労働対策を行なっている企業の事例を紹介する特集を組んでいる。そこから、八つの事例を取り上げる。以上、合計二三事例をもとに、職場における労働時間短縮への取り組みがいかに展開されているのか、分析を試みる。

事例の扱いに際し、経営側の資料に基づくものに関してはＭ、労働側の資料に基づくものに関してはＬ、『労政時報』に基づくものに関してはＲとする。それぞれに便宜上通し番号を付け比較を行なう。

（2）事例分析の結果

今回集めた二三の事例について、まず、経営側の単独での試みなのか、労使共同の試みなのか、という視点から分類を試みた。なぜならば、労働時間短縮について労使で意識の違いがみられることから、労働時間短縮の方法も異なると考えたからである。また、これまで論じてきたように、長時間労働は単独の要因で発生するものではなく、人事労務管理施策と有機的に関係し合いながら発生する現象である。そこで、人事労務管理にまで踏み込んだ労働時間短縮の取り組みをしているか否かについても分類を試みた。表4－1は、労働時間短縮の主体、および労働時間短縮へ向けた施策をまとめたものである。

分類の結果として、第一に、経営側のみで取り組んでいる事例は、二三の事例のうちわずか二事例のみであった。あとの二一の事例は、労使共同で行なわれていた。つまり、労働時間短縮への取り組みは、労使共同で行なわれているものが多いのである。

第二に、取り組み内容について分類してみると、二三事例すべてが、労働時間以外の労働条件にまで踏み込んであおり、労働時間のみに取り組んでいる事例は皆無である。ここから、労働時間短縮への取り組みを職場で展開する際は、単なる時短キャンペーンにとどまらず、また、時間短縮という結果だけにとらわれず、人事労務施策にまで踏み込んだ取り組みが必要であることが読み取れる。長時間労働を発生させる要因にまで踏み込んだ労働時間短縮、それこそが現実的な労働時間短縮への取り組みであることが示唆されている。

以上の結果から、労働時間短縮への取り組みは、労働組合が労働時間短縮に介入し、労働時間以外労働条件をも含めた、労働条件の向上へ向けた労使交渉をすることの重要性が指摘できよう。

（3）労働強化の懸念が残る経営側による時短

経営側による取り組みを行なっている事例は、R21とR23の二事例である。ここで挙げられている

	取組主体	労働時間管理	業務改善	要員管理	スキルレベル	労働強度
M1	M&L	✓	✓			
M2	M&L	✓				
M3	M&L	✓				
M4	M&L		✓			
L5	M&L	✓				
L6	M&L	✓				✓
L7	M&L		✓	✓		
L8	M&L		✓	✓		
L9	M&L		✓	✓		
L10	M&L		✓	✓	✓	
L11	M&L		✓			
L12	M&L			✓		
L13	M&L	✓	✓			
L14	M&L		✓			
R15	M&L	✓	✓			
R16	M&L	✓	✓			✓
R17	M&L	✓	✓			
R18	M&L		✓	✓	✓	
R19	M&L		✓			
R20	M&L		✓		✓	
R21	M	✓	✓		✓	✓
R22	M&L		✓		✓	
R23	M	✓	✓			✓

注：M は経営側、L は労働側を意味する。

表4-1　労働時間短縮への取り組みの特徴

二事例では、主に、業務の改善を中心とした取り組みが行なわれている。

経営側が取り組む労働時間短縮への取り組みについて、労働時間管理、業務改善、スキルレベル、労働強度それぞれに関し、特徴的な事例の紹介を行ないながら、順にみてみよう。

まず、この二事例とも「労働時間管理の徹底」に取り組んでいる。

R21では、出退勤管理は、基本的に社員の自己申告制によっている。社内ネットワーク上のワークフローシステムに社員それぞれが入力して、上司が承認する仕組みをとっている。二二時までの残業については、基本的には当該社員と上司との間で了解があればよく、事前申請等の必要はない。ただし、月の時間外労働が四五時間を超えた場合、「勤務超過申告書」を人事部に提出しなければならない。この申告書では、上司が「なぜ超えたか」「来月はどういう見通しか」を書く必要がある。社員の労働時間数のデータは、サーバーに集約されており、事業部ごとの人事担当者は実績をみることができる。労働時間が過剰になっているようならば、人事部が事業部にフィードバックを行ない、改善を求めるケースもある。また、事業部長が経営トップに事業状況を直接報告する場である「事業検討会」においても、労働時間の実績は人事部から三ヶ月に一度定例的に報告され、問題があるようならばここでも改めて検討され、事業部間でチェックし合うような仕組みづくりが行なわれている。

R23では、マンション販売を行なう営業社員の事業場外みなし労働を廃止した。この背景には、営業スタイルの変化がある。かつては完成した物件を販売するという営業スタイルが主流だったため、営業社員は各マンションに常駐していた。そのため労働時間の把握は困難で、営業社員には事業場外みなし労働時間制を適用していた。しかし、マンションが完成する前にギャラリー（販売センター）を作り、そこで営業するスタイルに変わったため、管理職の目も届き、労働時間の算定が可能になった。さらに、就業管理システムの導入にともない各人が労働時間を入力することでリアルタイムの管理が可能となったために、事業場外みなし労働時間制は廃止した。現在は、月三三時間の時間外勤務手当固定制をベースに実労働時間で管理しているという。また、同システムの導入によって、社員各人が直接労働時間を入力することで、自分の働き方を自分で管理するという意識が根付いてきたという。

労働時間管理の適正化に関し、この二事例は、システムを用いた労働時間管理と、上司による労働時間管理という二重の管理をすることで、労働時間管理の適正化を図っている。つまり、労働時間という数字的な結果を管理するのみでは労働時間短縮につながらず、管理者が適切に労働時間を管理するという日ごろの取り組みが不可欠であることを示唆している。

次に、この二事例とも「業務の改善」にも取り組んでいる。R21では業務割り当ての見直し、R23では就業管理システムを活用した業務の効率化を図っているという。

「スキルレベルの向上」に取り組んでいるのは、R21である。システム会社であるR21の技術本部では、同社が製作するシステムの標準形を作り、そのノウハウを共有化した。そのための技術教育として、総務省のITスキル標準に準拠した職種別の教育プログラムを作成している。こうした一連の取り組みを通じて、社員やプロジェクトの生産性を上げるとともに、将来的に大きな負担を生み出しそうな案件の管理上の問題点を挙げ、トラブル対応が生み出す過剰労働を未然に防ぐという点も期待されている。

スキルレベルの向上を通じた生産性の向上を図る際には、そのことが労働強度をもたらすか否かという点に配慮する必要がある。労働時間短縮が、労働者の自己責任のもとに展開されることになれば、労働強化につながりかねないばかりか、「サービス残業」にもつながる危険性があるからである。労働時間短縮を経営側のみの意向で行なうのは、労働者の負担の増大を招く危険性がある。

事実、その不安材料が、労働強度の部分から読み取れる。R21は、人事評価に「時間管理意識」の項目を加えている。R21の組織・人事評価のなかで、業績評価については、団体業績→個人業績の順で決定する仕組みである。団体業績評価では、売上額、伸び率といった数値による評価に加えて、「重点課題」として定性的なテーマが取り上げられる。重点課題は事業部ごとに〝宣言〟され、達成度に応じて評価が行なわれる。人事部としては、重点課題選定に当たり、時間管理意識の浸透をねらって、「深夜残業の削減」をテーマにするように推奨している。その結果、七割程度の事業部で、「深夜残業の削減」をはじめとする労働時間管理の取り組みを重点課題として選定するなど、一定の成果が現れているという。

また、R23では、成果重視の人事制度が浸透し、時間短縮の素地も完成させたとしている。R23では、報酬は働いた時間の長さにかかわらず、生み出された成果の大きさによって決まるという方針を明確にした。成果重視の人事制度を実施する以前は、従業員の約半数を占める営業社員についていえば、成果を上げれば報酬も上がるという要素が強かったために個人営業が主体で、自分の成績を上げるためなら長時間残業や休日出勤も当たり前だった。また、逆に成果が上がらない場合、頑張っている姿を示すためにも遅くまで残るケースが散見されたという。そうした風土を改善するために、個人主義ではなく、チームで成果を上げるといった営業スタイルに変更した。人事考課では、個人の成果だけでなく、組織に対する貢献や能力開発（部下育成）といった点も勘案することにした。そのため、時間と成果に対する意識が変わり、遅くまで仕事をしても評価の対象にはならず、メリハリのある仕事によって成果を上げる雰囲気ができて、労働時間を短縮できる素地が組織に根付いてきたという。

第1章で論じたように、労働時間は、独立して存在するのではない。職場の人事労務管理の結果として、長時間労働が発生している。ここで挙げられている二事例のように、労働時間管理の適正化、業務の改善に着手することは、労働時間短縮に効果があるかもしれない。また、R21のようにスキルレベルの向上を図ることも有効かもしれない。しかし、それらがキャンペーンにとどまらず、労働時間短縮を実現可能とするものなのだろうか。前掲の算定式の人数、つまり要員管理も重要であるし、働く側の利益を損なわずに労働時間短縮が行なわれているかのチェックもなされていない。この二つの事例では、人事評価に労働時間の項目を加えることで、労働時間短縮を試みている。しかし、果たして有効に機能しているのだろうか。さらなる労働強化につながらないような仕組みや対策が不可欠である。

労働時間短縮への取り組みが、単なる生産性向上を目的としたものであれば、それは労働者にとって利益にならないばかりか、容易に労働強化に繋がってしまう。第3章で述べたように、経営側にとって、労働時間短縮は生産性の向上の結果として生まれる、としていたからである。生産性の向上を労働者側の利益に振り分けるためには、労働側の介入が不可欠である。次項では、労働組合が労働時間短縮への取り組みに参加し、労使共同で労働時間短縮を行なっている事例についてみていく。

（4）労働強化を阻止する仕組みづくりを通じた労使共同の時短

労使共同で労働時間短縮への取り組みを行なっている事例は、二一事例である。ここで扱う事例はすべて労働組合が介入もしくは関与している。この点を重視したい。労働組合が介入することで、三六協定の順守など職場規制の可能性が高くなるからである。つまり労働組合が入ることで、労働時間の短縮が、労働強化など労働者への負担にならないよう、監視を行なうことが可能になると思われる。労働組合の介入は、労働時間短縮へ向け、実態に即した取り組みを行なう意味においても重要である。

ここで挙げられている二一事例でも、主に、「業務の改善」を中心とした取り組みが行なわれている。しかし、労働時間管理の徹底や、業務内容に合わせた労働時間管理の模索、また必要な人員を確保するための要員管理、スキルレベルの向上など、労働時間以外の点にも、労働時間短縮へ向けた配慮が見られる。労働組合が介入することで、労働時間短縮が、単に生産性向上に向けたものではなく、労働側の意見を取り入れたものとなる可能性が高いと考えられる。

以下、特徴的な事例の紹介を行ないながら、労働時間管理、業務改善、スキルレベル、労働強度の順に論じていく。

「労働時間管理の徹底」を行なった事例として、M1、M2、M3、L13、R15、R16の五事例がある。

L13では、各所属長からの報告に基づき、事業所・部署ごとに業務終了時刻と退社時刻のイレギュラーを集計した「タイムカード管理集計表」と、適正な労働時間管理に関するチェック項目に対する各所属長と組合支部長（事業所ごとに組合の支部としている）の評点を集計した「労働時間管理状況報告書集計表」を用いて、労働時間管理の徹底を行なっている。月一回開催される労使委員会において、二つの表の確認を行ない、労働時間管理の徹底を試みている。R15では、本店マネージャーなどの管理責任者約四〇〇人を対象に、「労働時間管理に関する説明会」が実施された。また、一般社員および服務管理者（職場単位で管理者に次ぐ立場の人を任命）に対する集合研修も合わせて実施した。

また、R16では、社員の日々の出入りを記録するデジタル管理と、日ごとの特勤命令をアナログ管理する仕組みが併用されている。機械によるデジタル管理に一元化することも可能ではあるが、「日々の業務の状況に応じて、部下からの申告を受けて上司が許可・命令を下すというコミュニケーションを特勤管理に生かすため、あえて二元管理を残している」のだという。また、上司の許可・命令を受けて特勤を行なう場合に、業務の進捗等によって命令時間を上回る勤務が避けられないケースもある。こうした場合には、特勤の追加命令を徹底しているが、その管理が曖昧になることも実態としてはあり得る。勤怠管理ソフト「タイムプロ」を用いた管理には、こうした特勤命令による記録上の実績と、実際の退勤時刻とのギャップを確認し、改善を図る目的も含まれているわけである。労働時間の適正管理を主眼に置いた今回の全社運動のなかで、特勤命令に基づく残業申告とタイムプロの記録時間との乖離是正もその取り組み課題の一つに挙げられ、これらを合理的に進めるためにタイムプロの機能にも一部改定が加えられることとなった。具体的には、日々カードリーダーで打刻された出退勤時刻と特勤実績の入力データから業務数量と退勤時刻にギャップがある場合にはその時差を算出する機能が新たに付与されている。これらにより、個所ごとに行なう日常のデータチェックや、本社総務部と営業本部総務課との連携による実績確認、個別指導などが、より効率的に進められるようになっているのである。

労働時間のフレキシブル化を試みている事例も存在する。裁量労働制の導入を行なった事例は、M1のみである。また、フレックスタイムの導入を行なった事例は、M2、M3の二事例のみである（R17は、研究職のみ専門職型裁量労働制を導入）。このうちM1は、労働時間管理のフレキシブル化を試みる一方、「非みなし日」を設け、効率的な営業活動とみなし労働制の適切な運用に向け、みなし日、非みなし日の区別を設けて制度運用している。このユニークな非みなし日とは会議・研修・内勤業務等を集中して配置すべき日である。月次の訪問計画のなかで非みなし日に内勤等を集中させ効率化する一方、みなし日は主として外勤専門の日とし、営業活動終了後は直接帰宅を奨励することで、労働時間の削減をめざしている。

労働時間短縮へ向けた労働時間管理のフレキシブル化を試みる事例は、二一事例中わずか三事例（R17は、研究職に限り専門職型裁量労働制を導入したためカウントせず）であった。これは、労働時間管理のフレキシビリティを拡充することが、労働時間の短縮につながると考えている職場は、あまり多くないことの証左なのかもしれない。

「業務の改善」を行なったのは、M1、M4、L6、L7、L8、L9、L10、L11、L13、R15、R16、R17、R18、R19、R20、R22の一六事例である。これは、業務の多さが長時間労働問題の要因である日本の職場事情を反映した結果と言えよう。また、労働組合が介入し、職場の実態を把握し、労使協議を行なったためであると考えられる。事実、R17では、労働組合が独自に実態調査を進め、「その一、仕事の仕組みや職場の雰囲気が長時間労働の発生要因となっているケースも多く、仕事の仕組みの改善や労使の意識改革が必要。その二、時間外労働や休日労働を行う場合の手続きを明確化するとともに、事前に上司が部下の業務内容を把握するシステムが必要」という提言を会社側に行なっている。

ただし、業務の改善が労働時間短縮へ向けて有効に機能するためには、業務に見合った要員が必要である。要員管理の見直しを行なったのは、L7、L8、L9、L10、L12、R18の六事例である。

とりわけ興味深いのは、事例L7である。L7の経営者は、オーナー系の経営者であり企業家精神が企業理念にも生かされ、労働環境向上への思い入れが強いという背景がある。また、労働組合は、業界一の労働条件取得を目標に取り組んでいくなかで、所定外を含む労働時間の削減についても労使一体となった努力を重ねている。L7は、課長職が組合員であり、マネージャーが現場の状況、組合員の気持ちを詳しく把握できる仕組みになっていることが労使の意志の疎通を図るうえで重要な働きをしているという。こうした事情が反映され、L7では、仕事量に応じた要員配置を弾力的に行ない、所定外労働が発生しにくい仕組みを作ったとしている（ただし、ここで言われている〝弾力的な要員配置〟とは何か、またいかに行なわれているかの詳細について、資料には書かれていない）。

また、L8では、業務量に応じ人員配置計画（要員計画）の見直しを月単位で行ない、所定外労働の発生を極力抑える努力をしている。一定期間で、業務量と照らし合わせて、要員の見直しを行なうことで、所定外労働削減に取り組んでいる。

職場に要員がそろっていても、スキルレベルが低いのでは、労働時間短縮への取り組みは難しい。スキルレベルの向上を図っている事例は、L10、R18、R20、R22である。L10では、組合員を対象とした『働き方実態調査アンケート』が実施された。その結果から、この結果から教育の不足も長時間労働につながっているという認識に至っている。R18、R20、R22は、ホワイトカラーの労働現場ではなく、製造部門、すなわちブルーカラーを対象として、労働時間短縮のためのスキルレベル向上に取り組んでいる。

労働強度に関し、労働組合が介入することで、労働時間短縮が、労働強化につながらないように監視することが期待される。

R16では、労働時間短縮への取り組みのなかに、人事評価への「時間管理意識」項目の追加を行なっている。R16の人事評価制度は、通年ベースで設定する目標の達成度判定に基づく業績評価と、日常の業務遂行行動を評価基準に照らして判定する行動評価の二本立てで構成されている。このうち行動評価では、社員の格付け（職群）と店頭営業や渉外営業などの担務ごとに、「高い成果を生み出すためにどのような行動をとればよいか」をさまざまな項目から書き記した成果行動モデルに基づく評価項目・基準が設定されている。また、R16では、自己時間管理意識の向上を図るねらいから行動評価についても見直しが行なわれ、新たに「時間管理意識（タイムマネジメント能力）」が評価項目に追加された。目指すべき成果行動として、効率的な業務遂行や時間管理のあり方を示し、賃金（成果役割給）に直接反映される評価と結び付けることによって社員の自発的改善を促すことがその目的であるという。しかし、労働時間の短縮ができたか否かが労働者個人の人事評価に響く仕組みは、労働時間管理の自己責任化を招きかねない。

一方、労働時間短縮が労働者にとって労働強化につながらないよう、監視をしている事例がL6である。L6では、労働時間短縮への取り組みとして、業務改革による仕事の見直しをはかっているが、その際、サービス残業や一方的な労働強化は厳しくチェックすることにしているという。

経営側にとって、労働時間短縮が生産性向上のひとつの手段として考えられていた以上、労働時間短縮が労働強化によって達成されようとする危険性は、常につきまとうだろう。労働組合が労働時間短縮に介入することで、どのようにした労働強化が行なわれないような仕組みをつくるのか、この点で労働組合に期待される役割は大きいだろう。その具体事例を次項でみていきたい。

（5）労使で取り組む時短の重要性

二三事例から、二つの特徴がみてとれる。第一に、経営側のみで取り組んでいる事例はわずか二事例にすぎず、あとの二一の事例は労使共同で行なわれている。時短を成功させるには労使共同の取り組みが必要であることが明らかとなった。

第二に、取り組み内容について分類してみると、二三事例すべてが、労働時間以外の労働条件にまで踏み込んだ取り組みをしていることである。労働時間短縮は、人事労務管理にまで踏み込んで行なう必要があることを雄弁に示している。つまり、労働時間短縮を行なうためには、単なる労働時間短縮という目標を掲げるだけではなく、労働時間を短縮させるための人事労務管理の改善を必要としているのである。長時間労働を発生させる要因にまで踏み込んだ労働時間短縮、それこそが現実的な労働時間短縮への取り組みであることが明らかとなった。

さらに労働時間短縮へ向けた人事労務管理の取り組みについて、経営側のみによって行なわれたものと、労使共同で行なわれたものとに分けて、それぞれの取り組みの内容を比較してみると、きわめて重要な事実が明らかとなった。

経営側のみによる取り組みと労使共同の取り組みには共通点がある。それは、「業務の改善に取り組む」という事例が多いという点である。第1章で述べたように、日本の長時間労働の要因は、業務量の多さにあるのだから、業務の改善に取り組む事例が多いのは、当然といえば当然である。しかし、そここには限界がある。なぜならば、一九九〇年代以降、市場原理主義の浸透にともない、業務量（労働投入量）が市場の要請によって決定されるようになったからである。その結果、市場の要請によって決定された業務量（労働投入量）に対応するために、人事労務のフレキシビリティが模索された。このことを考えると、業務改善に取り組むだけでは、労働時間短縮の実現は難しい。市場の要請によって決定される業務量（労働投入量）を労働時間の延長で対応するのではないとすれば（つまり労働時間を制限させて対応するためには）、人事労務の他の要因の取り組みが不可欠となってくる。つまり人事労務管理の中身に踏み込んだ取り組みが不可欠なのである。

この人事労務管理にまで踏み込んだ施策が労働時間短縮に繋がるためには労働組合の介入ないしは関与が不可欠である。なぜなら、経営側の労働時間短縮の目的が、生産性向上にのみ傾斜しがちだからである。労働組合は、労働時間短縮過程において、労働側の負担が大きくならないようにするために監視を行なう必要がある。実際に、本章で取り上げた事例のなかにも、労働組合が介入し、労働強化につながらないように監視している事例があった。

このことを念頭に、取り上げた事例から考えてみれば、労使の労働時間短縮への考え方が違うため、経営側のみが行なう労働時間短縮と、労使共同で行なう労働時間短縮について、算定式をもとに比較すると、次のような違いがみられる（ちなみに算式のカッコ内の矢印の向きは、それぞれ上昇（下降）を意味する）。

ここで、指摘しておくべき事項は、人数と労働強度である。労働組合が介入している場合、人数に

経営側が行なう労働時間短縮

$$労働時間(\downarrow)=\frac{業務量(投入労働量)(\downarrow)}{人数(\rightarrow)\times スキルレベル(\uparrow)\times 労働強度(\uparrow)}$$

労使共同で行なう労働時間短縮

$$労働時間(\downarrow)=\frac{業務量(投入労働量)(\downarrow)}{人数(\uparrow)\times スキルレベル(\uparrow)\times 労働強度(\downarrow)}$$

関し、労働組合が経営側に対して必要な要員確保を要求している。また、労働時間短縮への取り組みが、労働者の労働強度につながらないよう、監視しているケースが多い。労働組合が、職場の実態を把握し、その実態を受けて、労働時間短縮へ向けて必要なことを適切に要求することで、結果として、人事労務管理にまで踏み込んだ労働時間短縮が試みられているといえよう。それが、こうした二つの算定式の違いとなって現れていると考えられる。労働時間短縮過程に、労働組合が介入することは、人事労務管理にまで踏み込んだ適切な労働時間短縮へ向けた取り組みができるという点に、その重要性が見いだせる。

また、経営側によって行なわれた労働時間短縮の取り組みでは、二事例中二事例が、フレキシブル化とは逆の方向へ向けた試みをしていた。それは、上司やネットワークシステムを用いた労働時間管理の強化、またみなし労働時間制の廃止である。

労使共同で行なっている労働時間短縮の場合は、二一事例中六事例が労働時間管理の強化への取り組みを行なっており、必要に応じて、フレキシブル化を図る例も見られた。しかし、フレックスタイム制の導入を行なったＭ１では、非みなし日を設けて、完全にフレキシブルな労働時間にはしていない。フレキシブル化を試みるだけが、生産性を向上させ、労働時間短縮につながるとは考えていない現場の意見が反映されていると考えられる。

ここまで述べているように、一九九〇年代以降、市場動向に対応するためにホワイトカラー労働者の人事労務管理のフレキシブル化が試みられてきた。人事労務管理のフレキシブル化が求めているのは、労働給付のジャスト・イン・タイム化であり、それにともない、労働時間管理のフレキシブル化が求められてきた。そして、今日に至るまで、労働時間管理をフレキシブル化することは、ホワイトカラー労働者の労働時間短縮のためにも必要であるとする主張が、主流派となっている。しかし、本章でみた事例からは、労働時間短縮過程における労働時間管理への取り組みとして、管理の強化が有効であると推測できよう。

以上、二次資料をもとに、職場で展開されている労働時間短縮への取り組みについて分析を試みた。労働時間短縮のためには、業務のあり方を見直しながら、人事労務管理にまで踏み込んだ取り組みが必要なこと、そして、労働組合の介入ないし関与の重要性が明らかにされた。

しかし、ここで扱った資料では、十分な分析ができていない。労働時間短縮へ向けた人事労務管理の取り組みとは具体的にはいかなるものか。そして、労働時間短縮過程で、労働組合はどのような要求を経営側にし、またどのように、職場規制を行なっているのか。その実態について、深く分析する必要がある。次項では、労働組合が介入し、業務改善を中心とした労働時間短縮運動を展開している

A社の事例をもとに、労働時間短縮を行なう企業の事例調査分析を試みる。

2 事例研究：労使共同で展開するA社における労働時間短縮運動

第2章で明らかになったように、長時間労働は、個々の従業員の側の事情で発生するのではない。仕事の責任と範囲の大きさ、異常なまでの業務量の多さ、また人手不足など、経営側の事情によるところが大きいのである。前項でみた事例分析からは、労働時間短縮のためには、労使共同で、職場における業務改善をしながら、労働時間管理の適正化が必要なことが明らかになった。長時間労働を誘発させる業務量の多さをいかに解決していくのか。本項では、業務量に着目した所定外労働時間削減の取り組みを行なう運輸系大企業A社を取り上げ、分析する。どのようにして労働時間を短縮し、そこに労働組合がいかに介入したのかをインタビュー調査、内部資料をもとに明らかにしていく。

さらに、ここで着目したいのは、働く側の納得性をいかに確保しながら労働時間短縮を進めていくかということである。第3章で明らかにしたように、経営側と労働側の間に労働時間短縮に関する意識に大きな違いがあるからである。前項で分析した事例でも、時短が実際に進んだのは労働組合と共同で取り組んだケースだった。ここでも、労働時間短縮過程において、労働組合がいかに介入し、いかなる役割を果たしたのか、そこに注意を払いながらみていこう。

（1） A社、および本事例分析について

①A社に着目する理由

これまで論じてきたように、日本の長時間労働問題の要因は多すぎる業務量にある。以下で詳しく見ていくように、A社は、長時間労働問題の要因である多すぎる業務量に着目し、労働時間短縮運動（A社ではこれをタイムマネジメント運動と呼んでいる。以下TM運動）を展開している。これがA社に着目する第一の理由である。

第二の理由として、労働組合の介入のもと、労働時間短縮が試みられているからである。前章から明らかになったことに一つに、労働時間短縮を労使共同で展開する必要性が挙げられる。A社の時短の取り組みはまさしく労使の共同作業で行なわれたケースである。A社の労働組合は、労働時間短縮過程において、いかなる役割を果たしているのか。事例分析を通じて、この点を明らかにする。

最後に、このA社は運輸業であり、運輸は所定外労働時間が長い業種であるからである。労務行政研究所『労政時報』（二〇〇八）は、月当たりの所定外労働時間の長さを産業別にみている。これによると、倉庫・運輸関連（三五・二時間）を筆頭に、陸運（三四・八時間）、建設（二九・八時間）、不動産（二六・九時間）、情報・通信（二五・八時間）となっている。月当たり平均の時間外労働が二五時間超に及んでいるのは、すべて非製造業である。なかでも倉庫・運輸関連が三五時間であることに注意されたい。群を抜いて多いことに驚かされる。運輸系大企業A社の事例研究に取り組むゆえんの一つがここにある。非

製造業従事者、いわゆるホワイトカラー労働者の事例分析を行なった先行研究は、いくつか存在するものの、所定外労働時間がもっとも長い運輸関連の長時間労働を詳細に分析した先行研究はいまだ存在しない。

A社においても所定外労働時間が長いという問題意識のもと、労働時間短縮へ向けた取り組みが展開された。長い所定外労働時間という問題意識のもと、どのような労働時間短縮が展開されたのか。この事例分析から、職場で何が問題となって、どのように労働時間短縮を向けた取り組みが重要なのかと考えているのか、この事例の詳細な分析からこれらの点が明らかになると考えられる。

以上、ここまで述べた三点の理由から、運輸系大企業A社の労働時間短縮の事例に着目し、実態分析を試みる。なお、この事例研究は、『労政時報』で紹介された事例をきっかけに、開始されたものである。筆者は、A社人事部と労働組合にメールで詳細を質問し、数回にわたり、A社労働組合委員長に対し聞き取り調査を行なった。また、その間、労働組合の機関紙の閲覧、労働組合委員長とのメールのやり取りを中心に、調査を継続している。

②A社概要

A社は、大手総合物流企業である。本社は東京都にあり、資本金は七二億一六〇〇万円である。二〇〇八年三月時点の従業員数は連結で八〇六九人、本社単体で一〇七一人（調査を開始した二〇〇九年五月二九日の段階では、一〇七二人）である。従業員の平均年齢三九・四歳、平均年収は八一八万円である。A

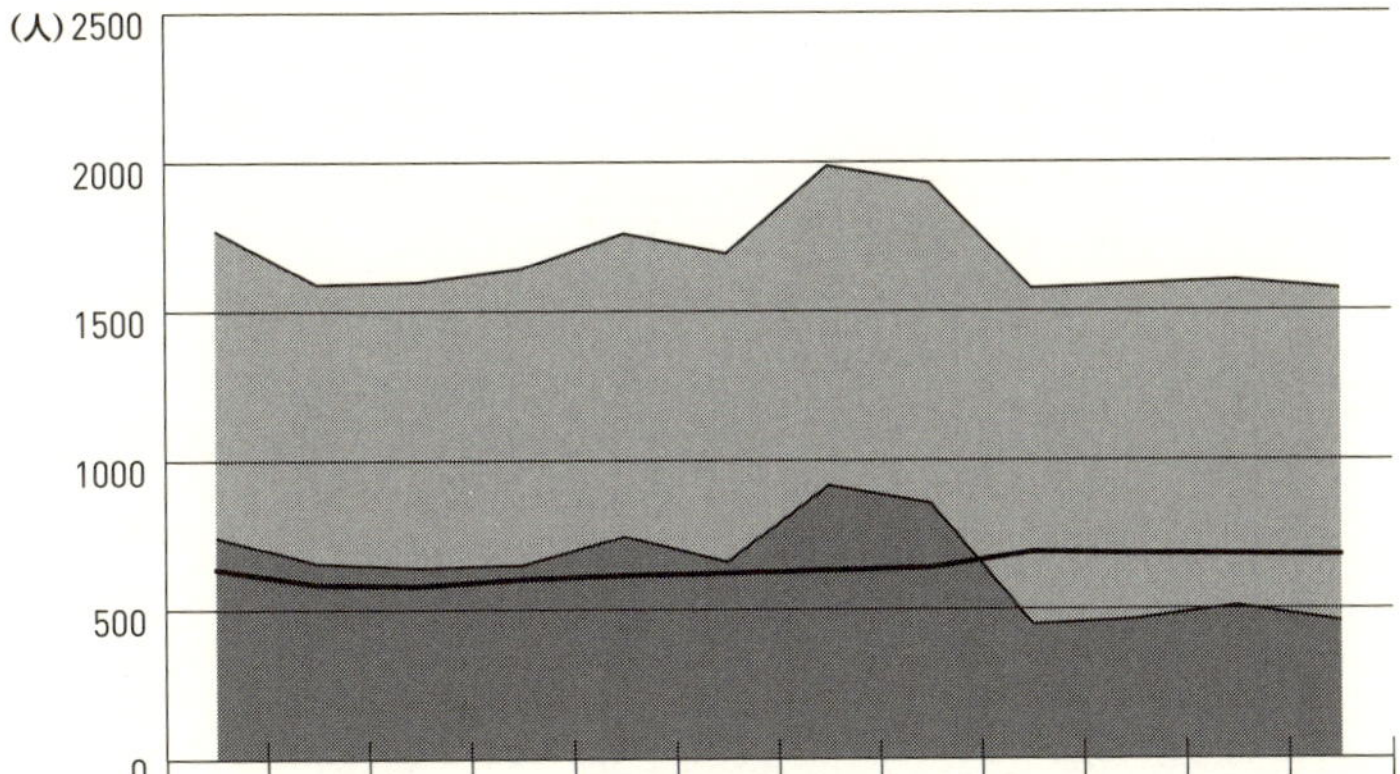

	2002	2003	2004	2005	2006	2007	2008	2009	2010	2011	2012	2013
正規	1028	936	958	994	1017	1036	1071	1073	1126	1123	1092	1114
非正規	744	654	640	648	744	658	916	856	448	464	509	457
組合員数	635	584	579	601	614	621	630	639	690	685	682	678

A 社有価証券報告書（2002-2013）をもとに筆者作成。
従業員数は就業人員数である。非正規雇用労働者とは、派遣社員及びパート社員を指す。

図4-1　A社本社単体従業員数推移

社労働組合は、ユニオンショップ協定を結んでおり、およそ六三〇人の組合員（同時点）から構成されている。

A社においても他企業と同様、非正規雇用者の活用が確認できる（図4−1）。二〇〇二年以降のA社の従業員数推移をみると、全従業員数に占める非正規雇用者比率は、四割前後で推移している。A社の労使協議で所定外労働時間が度々問題視された〇四年までに、非正規雇用者数は減少傾向にあったが、本書で着目するTM運動実施時期である〇六年にかけて、増加傾向にある。その後、〇七年にかけて、一度非正規雇用者数は減少するものの、〇七年から〇八年にかけて再び増大していることが見て取れる。また、リーマンショックの影響を受け、〇九年から一〇年にかけては、非正規雇用労働者数は減少している。

③TM運動に取り組んだ背景

A社の労働時間短縮運動はタイムマネジメント運動と命名されている。直訳すれば時間管理ということになるが、この言葉に込められている意味は、単なる時間外労働の削減ということではなく、もっと積極的に労働時間をきちんと管理すること、時間を有効に活用するという姿勢が現れているように思われる。労働時間を適正に管理するためには、業務の見直し、作業のあり方にまで踏み込まねばならない、労使がそのように認識したのであろう。

A社の労使がそのような認識に至ったのは、何回か「残業撲滅運動」を重ねたにもかかわらず、時間外労働が一向に減少しないという事態に直面したからである。減少しないどころか増加傾向にすらあった。この問題は、経営側にとっても「生産性の低下」や「部下の指導や育成ができない」などの危機感を募らせることになった。いよいよ本格的な取り組みの必要性が労使双方から要請されることになったのである。

以下では、まずA社の労働時間管理制度の概要を述べ、その後にTM運動開始の経緯を考察する。

（2）A社の労働時間管理の枠組み

①労働時間管理制度と時間外労働

A社では全社および全部署で一ヶ月単位の変形労働時間制を導入している。変形期間は「一ヶ月」であり、その起算日は毎月一日となっている。また始業・終業時刻は原則午前九時〜午後六時である。また、時間外労働はその上限を労使協定で決めている。具体的には、一日四時間、一ヶ月四〇時間、一年三六〇時間である。現在、一ヶ月の時間外平均は三〇時間程度であるという。また出退勤の管理は、基本的に手書きの出勤簿で行なわれている。

勤務計画の実際は、前月の二五日までに、翌月一ヶ月間の労働日・労働時間が特定され、これに沿って各人は、各勤務日における出社・退社時刻、残業・深夜勤務の実績を記入することになる。人事部で一元管理する際には、別途電子化・一覧化するとともに、定期的に、各所属長への部下のデータを送付しているという。

さて残業であるが、当日の夕刻、その旨を所属長に口頭で申し出るとともに、出勤簿の該当欄に業務内容と終了時刻を記入し、所属長の承認（命令）印を得たうえで行なうのが基本であるという。ただし、細部の運用については、部署・職場ごとに一任されており、若干の異同はあるという（たとえば、①各人が個人申請するケース、②係長・課長クラスが夕刻、部署全体に申請の有無を確認し、該当者の出勤簿（または申請書）を取りまとめて所属長に提出、承認を受けるケースなど。ただし、いずれも事前申請が原則であるという）。

②長時間労働者への対応

時間外の労働が月間一〇〇時間を超える者が出るなど、長時間労働者がみられる実態があるが、どのように対応してきたのだろうか。聞き取りでは、基本的には、各部署の所属長の判断にゆだねているという。前述のとおり、所属長には部下の勤務状況が定期的に報告されるため、たとえば、その月の残業時間（協定上の上限は月四〇時間）が三〇時間を超えているケースなど、個別に問題があれば、直近の勤務状況をふまえて、その都度フォローするという形が多いようである。

また、二〇〇六年四月施行の改正労働安全衛生法等に沿って、長時間残業が続いている社員については、産業医の面談を実施することはもちろん、年二回の労務監査において、一人でも時間外が四〇時間を超えた月のある部署に対し、所属長のマネジメント方法や当時のフォロー状況につき確認するとともに、今後の対応策等を報告させるという。ここで注目すべきは、労務監査を実施していることである。これがどれだけ機能していたのかどうか、確かなことは不明だが、少なくとも問題がチェックされていたことは重要である。労働時間の実際についてこのような管理が行なわれていたからこそ、労使双方に問題の所在を認識させることになったのではないだろうか。

（3）ＴＭ運動の取り組みの背景と経緯

A社では、二〇〇六年一一月、経営トップをプロジェクト・オーナーとする「タイムマネジメント

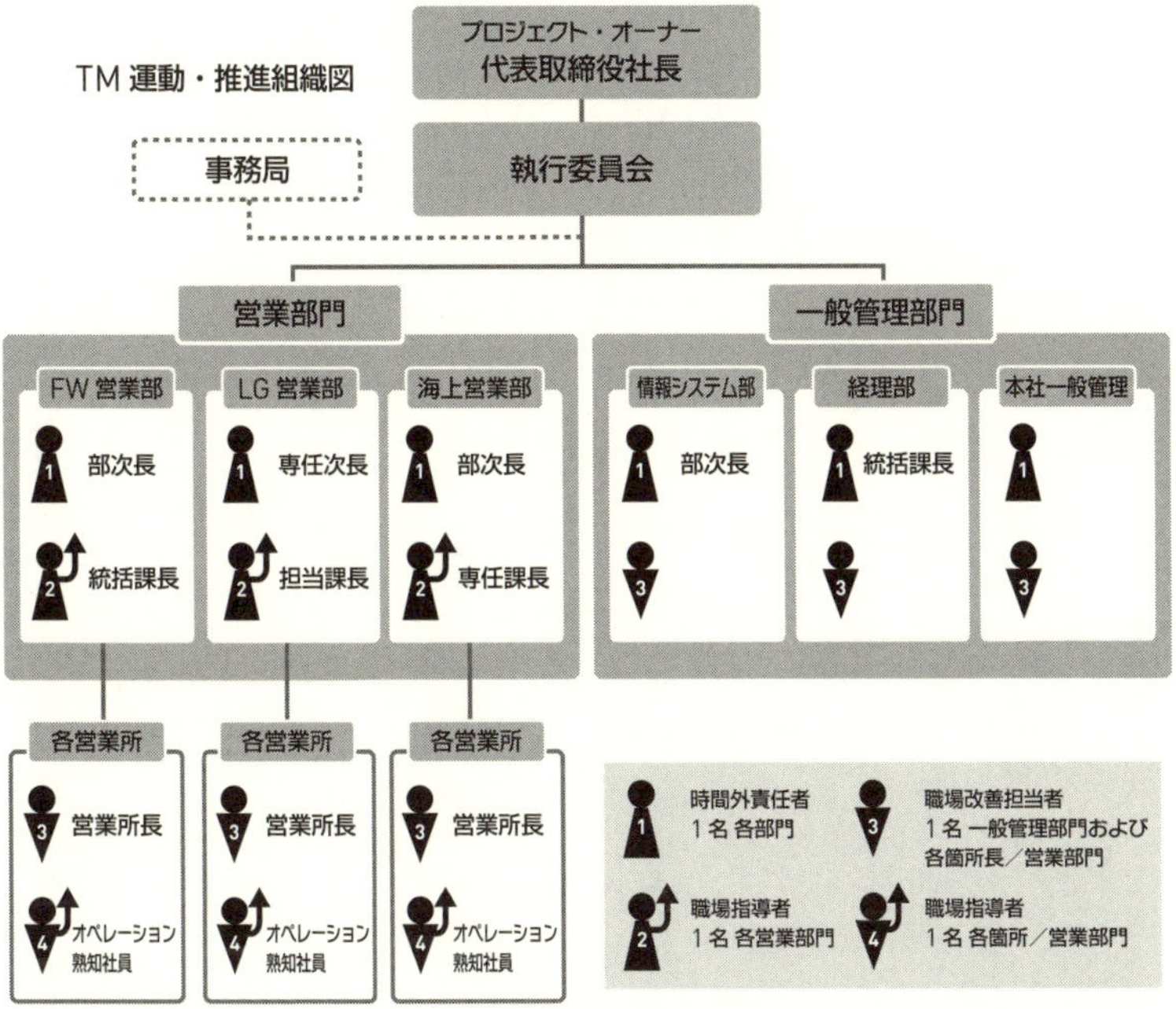

Ａ社労働組合内部資料より抜粋。労働組合は、執行委員会に含まれる。

資料4-1　TM運動推進体制

運動（ＴＭ運動）」を労使共同で発足させた。労使事務局、各部門の時間外責任者・職場指導者等を中心に、活動を展開している。ＴＭ運動推進体制は以下の通りになっている（資料４－１）。

ところで、Ａ社ではこれまで労働時間短縮にまったく取り組んでこなかったわけではない。ＴＭ運動を開始する以前も何度か残業削減運動を展開している。

ＴＭ運動を始める以前の二〇〇四年、Ａ社では、所定外労働時間増加が問題視されている。組合から提供された資料よると、〇四年四～九月の六ヶ月で、一ヶ月当たりの時間外労働が平均四五時間を超えた人数は一〇一人、九月の月間時間外労働が一〇〇時間を超えた人数は五人、四～八月の間で八〇時間以上の時間外労働を行なった人数は四三人であった。超長時間労働が常態化していたのである。

こうした状況を受け、A社労働組合機関紙では、「変形労働時間制を全社的に導入した一九九八年一〇月以来、比較的低水準で推移してきた時間外労働は、ここ数年増加傾向にあります。本年六月には、変形労働時間制を導入する前の水準である月間二〇〇〇時間の大台を再び超え、現在でもこの高水準のまま推移しています。『一人当たりの月間労働時間』についても、三六協定で取り決められている年間水準を超える勢いです」と、組合員への警鐘を鳴らしている。

こうした背景のもと、二〇〇四年にA社は所定外労働時間の削減に取り組んだものの、なかなか期待した成果を上げることはできなかった。その要因について、人事部担者は次の二点を指摘する。

第一に、従来の取り組みは、あまりにも残業時間だけにフォーカスしすぎたことである。その結果、ともすれば会社・労働組合とも、それぞれの立場から他方へ一方的に要求を出し合うことに終始してしまい、課題の根本解決にはつながらなかったという。

第二に、個々の施策にしても「残業を減らそう」「なるべく早く帰ろう」など、ちょっとした掛け声的なものが中心であり、状況を客観的に分析・把握して、「このようなプロセスで、こう改善していこう」といった中長期的なプランや、大局的な視点が欠如していたという。

こうした反省をもとに、残業時間削減という目先の結果だけにとらわれずに、改善のプロセスを重視した仕組みを意識し、長期的な運動として、労使一体となった全社的な取り組みを志向した。また、

従業員	「懸命に働いても・・・」 ・肉体的・精神的に疲労・疲弊している。 ・家族と十分に話す時間が取れない。 ・会社では作業に終われ、「考える」「調査する」「検討する」時間が取れない。 ・休日はもっぱら休息に充てるだけで、趣味等に割く余力がない。
会社	「優秀な人材を採用しても・・・」 ・仕事だけの生活となり、指導能力や人間力が養われない。 ・長時間就業により思考能力が低下し、生産性にも支障を来す。 ・仕事人間化、または転職・退職につながる。 ・部下を指導・育成する余裕を失う。

『労政時報』より筆者作成。

表4-2　残業時間の増加による弊害についての労使間の共通認識

巷間でいわれているワーク・ライフ・バランスの確立、つまり「働き方そのものの変革」を大きなテーマにとらえ、ちょっと息の長い運動として、労使一体となった全社的な取り組みを志向することにしたという。また、取り組みにあたっては、労使で議論し、残業時間の増加による弊害についての労使間の共通認識を確認した（表4−2）。二〇〇六年一一月に「時間外削減プロジェクト」として発足したＴＭ運動の実施に当たっては、それまでのように掛け声だけでは失敗するが、かといって単に業務をギリギリと締め上げるだけでも成功はしないだろうと考え、両者の長所を取り入れるようにしたという。両者の相乗効果を狙う観点から、「意識改革」と「業務改革」の二本柱で進めることとなったのである。また、こうした取り組みを行なうにあたり、「職場訪問」を行ない、職場の実態把握を試みている点も注目すべきであろう。

ＴＭ運動開始に当たり、労働組合機関紙では、ＴＭ運動の位置づけについて、次のように述べている（資料４－２）。それによれば、ＴＭ運動は、ワーク・ライフ・バランス確立のための第一段の施策であると位置づけであって、その取り組みは、あくまで、ワーク・ライフ・バランスの確立へ向けたスタートであり、時間外労働削減それ自体は、Ａ社にとっての最終目標ではないというものだ。仕事のあり方を考え直し、無駄な業務の削減を通じて、時間外労働を削減しようとするのがＴＭ運動の狙いである。生産性向上は、時間外労働削減後の話であり、あくまでも時間外労働削減が主たる狙いであることに留意したい。少なくとも労働組合が、生産性向上ではなく、時間にこだわっていることに注目すべきであろう。

（４）ＴＭ運動の取り組み内容

ＴＭ運動を始めるに当たり、Ａ社は、残業時間削減という目先の結果だけにとらわれずに、改善のプロセスを重視した仕組みを意識し、長期的な運動として、労使一体となった全社的な取り組みを志向したという。二〇〇六年一一月に「時間外削減プロジェクト」として発足したＴＭ運動の実施に当たっては、それまでのように掛け声だけでは失敗するが、かといって単に業務をギリギリと締め上げるだけでも成功はしないだろうと考え、両者の長所を取り入れるようにしたという。両者の相乗効果を狙う観点から、「意識改革」と「業務改革」の二本柱で進めることとなったというのである。

A社におけるTM運動の位置づけ

■シゴトと私生活の両立

今回の時間外労働削減運動はWLB確立のための第一段階の施策である。WLBの基本的な考え方は、シゴトと私生活の両立である。社員一人ひとりが、やりがいのあるシゴトと、充実した私生活とのバランスを保ちながら、その能力を最大限、シゴトで発揮できるしかけを作っていく。その様な社員と会社のWin-Winな関係を構築していく。

そのためには、まずシゴトの再設計が必要になる。具体的には、**既成概念を払拭するシゴトのやり方の見直し**に上司と部下で取り組んでいくことである。また、「残業が美徳」、「長く働くことが評価に直結する」、「会議や報告書で満足感を得る」、「上司がいるから帰りに辛い」等の意識改革も必要だ。

■シゴトと私生活の全体的な質の向上

社員がWLBの重要性を理解すると、自分の人生観をしっかりと確立し、毎日が内容のある中身の濃い過ごし方ができるようになる。入社前の自分を振り返ってもらいたい。社会人になるにあたって、夢が意思があったと思う。ぜひその志を思い出して欲しい。シゴトにも私生活にも効率をもとめ、メリハリのある生活、充実したシゴトを実践するためには、当然ながら時間を有効に活用(Time-Management)する必要性が増してくる。そういった意味合いから本運動を「TM運動」と名付けた。

■WLBの確立による結果

シゴトと私生活の両立(=WLBの確立)によって、社員一人ひとりのモラールが向上し、人間としても成長することができ、シゴトの生産性向上にも繋がる。その結果として、魅力ある会社が創造され、より優秀な社員を育成・確保できるという理想的なサイクルが生みだされる。

時間外労働削減は一つのプロセスであり、最終的な姿はワーク・ライフ・バランスの確立にあると考えて欲しい。

A社労働組合内部資料より筆者作成。

資料4-2

①意識改革：これまでの〝あたりまえ〟を疑う

実施にあたり、ＴＭ運動執行委員会では、「目的は、あくまでも、これらの運用を通じたタイムマネジメント意識の向上にある」旨を強調した。意識改革として行ったのは、以下の四つである。

ノー残業デーの設定

原則として、各職場で週に最低一日のノー残業デーを設定した。「早帰りの奨励」運動として、人事部長名で社内通達を出し、全社に徹底を呼びかけた。なお、設定日数や該当の曜日、実施単位（職場全体での実施が困難な場合）については、各職場（職場改善担当者等）の判断に委ねている。

年休の計画的取得の促進

これは、各人に「三ヶ月で三日以上」の取得を呼びかけるものである。「平均で一ヶ月に一日ペース」を念頭に、業務の繁閑も考慮して、より柔軟に取得できる形とした。

部門個別目標

残業時間の削減目標等を部門単位で設定した。展開方法等は各部門に一任している。ただし、活動の定着・浸透を進めることを優先し、当初、数値目標は設定していなかったが、今後、本格的に展開する予定であるという。

多様な働き方の検証

残業時間削減に寄与する労働時間制度等のあり方を執行委員会で協議した。完全フレックスタイム制の導入を検討中で、現在、顧客との接点があまりない情報システム部門の一部で試験的に導入した。メリット・デメリットを検証し、一定の効果が見込めれば、業務運営に支障のない部門・職場を中心に、順次拡大をはかっていきたいという。

しかしその後、フレックスタイム制度の運用は取りやめている。それは、試験運用の結果、所定外労働時間の減少がみられなかったためだという。

②業務改革：分析ツールを活用した働き方の見直し

業務改革については、業務改善（業務品質の向上、業務のムダ取り、生産性の追及）を効率的に進める観点から、社会経済生産性本部の指導を受け、同社用にカスタマイズした以下の「五つの分析ツール」を活用している。改善に着手すべき業務は何かについて、現状分析を通じて、問題点・課題を見極めたうえで、具体的な対策を検討するという手順で行なわれている。この過程のなかで使われるのは、以下に示す五つの分析ツールである。

スキルス・インベントリー（スキル別発揮能力のたな卸し）

スキルス・インベントリーとは、職場ごとに必要なスキルの一覧を作成し、個々人がそれぞれのスキルについて、どのレベルまで満たしているかを調査・記載し、職場単位でのスキル別充足度を数値化（パーセンテージ表示）する。そのことを通して、本人および職場の強み・弱みを「見える化」しようとするものである。いきおい属人的なものになりがちな各人の業務について、スキル面から可能な限り一般化・共通化することを目指しているという。

それを、特に、外出・休暇等で短時間ないしは長期的に不在となったメンバーのフォローの円滑化や、配分を含めた業務の見直し、業務負荷の平準化へ向けた多能工化の推進、あるいは職場間の人材レベルの均一化に活用している。多能工化により、仕事量・職責が重くなることはないのか」と質問をしたところ、人事部・労働組合ともにこの点については問題視していないとのことであった（人事部、労働組合委員長とのメールより）。後日、労働組合委員長にこの点について「組合員から不満の声は出ていないのか」と質問をしたところ、正規雇用労働者である組合員は、能力向上にともなう給与交渉を行なうことが可能となるため不満は出ていないとのことだった。スキルス・インベントリーは、「業務内容の見える化」という位置づけで活用されているのである。

パレート分析（作業ごとの負荷の把握）

パレート分析とは、一日もしくは一週間の累積でみた、業務別の作業時間の実績を把握するものである。パレート分析とは、イタリアの経済学者パレートが提唱した統計学的手法の一種で、「全体の二割の行動が、結果の八割を左右する」という理論である。これによれば、多岐にわたる業務のなかから、長時間作業を余儀なくされているものを抽出し、重点的に対策を打てば、効率的な改善効果を引き出せることになる。これまで曖昧だった各業務の所要時間が具体的な数字で示されることで、削減イメージを描きやすくなり、取り組みの意欲も高まってくるだろうと期待する。つまり、A社においてパレート分析は、「業務時間の見える化」という位置づけで活用されているといえよう。

MM（Man Machine）チャート（「標準作業組み合わせ表」により、各工程の流れを「見える化」）

MMチャートとは、一日における各人の標準的な作業スケジュールを、工程ごとに十数分刻みで、作業工程表（チャート）に記録し、対象者の個々の作業工程を一つの部品に見立て、一日の業務の流れを各作業工程の組み合わせから把握するものである。相対的に時間がかかっている業務をあぶりだすとともに、工程間にロスや重複がないか検証する。A社では、MMチャートの活用により、箇所によっては、業務処理の生産性が大幅にアップしたケースもあるとされている。

タイム・スタディー（ボリュームの多い作業時間を何度か実測し、標準値を算出）

タイム・スタディーと、は比較的長時間を要する作業を抽出、実際の作業時間を複数回サンプリングし、平均値を算出することで、その標準的な所要時間を把握する分析手法である。同一作業について、この標準時間がより長くかかっている場合は、その要因を検証し、改善をはかる。ただし、タイム・スタディーの分析結果は、A社では現在それほど活用されていないという。その都度所要時間や工程数が必ずしも一定せず、平均値はあまり意味をなさないと判断したためである。

流れ分析（機器の配置・スタッフの動きから、オフィスの最適動線を把握）

流れ分析とは、いわゆる「職場の動線チェック」である。職場の机やファクス、コピー機等、事務機器全般の配置あるいはスタッフの動き方そのものを見直すことで、職場全体の事務効率アップにつなげることが目的である。流れ分析の手法についても、タイム・スタディーと同様、A社では実際はあまり重視されていないという。

以上が、五つの分析ツールの概要である。ここで注意しておくべきは、このツールを使用して業務改善をすること自体に意義があるわけではないということである。なぜなら、これらの手法が労働時間の短縮に直結するわけではないからである。これらの手法を駆使して作業能率が向上しても、それがさらなる労働強化につながることも十分に考えられる。特に、スキルス・インベントリーによるスキルレベルの向上が労働強化に簡単に繋がってしまう恐れは十分にあるといわねばならないだろう。したがって、作業能率の向上が労働時間の短縮に繋がるためには、なお別のファクターが必要である。作業能率の向上の成果を、さらなる作業量の増加ではなく、時間短縮に振り向けていくためには、組合の関与（介入）が不可欠である。前段でみた「意識改革」への努力、そして後段でみる「職場訪問」こそが、作業能率向上の成果を時間短縮に振り向けていく「装置」なのである。組合員からの不満が出ることなく、TM運動を展開している背景には、こうした働く側の監視体制があると言えよう。

③職場訪問：職場とのコミュニケーションを通じた労働強化の防止

各職場には、以上の分析手法を導入し、業務改革への取り組みを促す一方、執行委員（労使事務局として、人事担当および労組代表者）および運動推進者（時間外責任者および職場指導者）、社外コンサルタントが、三～五人体制で各箇所を定期的に巡回、活動をバックアップしながら、その進捗状況や残業時間の現状を把握している。特に、職場リーダーとのコミュニケーションを重視しつつ、残業の発生プロセスや増加（減少）の背景、削減へ向けたプラン、休暇取得率アップの工夫など、問題点の指摘やその解消へ向けた具体的な意見交換を通じて、活動の定着・浸透を効果的に進めている。

単なる〝運動〟で終わらせず、継続的な取組として常に意識させるには、こうした現場とのコミュニケーション、認識のギャップを埋めるための努力が欠かせないという。

（5） TM運動における労働組合の役割

①労働側の負担のもとに時短が　展開されないために

TM運動発足時に当たり、A社労働組合は、基本スタンスを発表している。Union Newsで、A社労働組合は、「労働組合として、会社と共同で取り組んで行くこととなりましたが、組合員の代表、代弁者という確固たるスタンスで取り組んでいく所存であります」との意向を示している。そこで示さ

労働組合の基本スタンス

労働組合として、本プロジェクトに次の確固たるスタンスで関わっていくことを宣言します。

一つ、ワーク・ライフ・バランスの確立の一手として時間外労働削減に取り組む
一つ、決して費用削減（人件費）を目的とするものではない
一つ、サービス残業は絶対にさせない、事実確認ができた場合は適切な措置を断行する
一つ、誤った運用を是正することを目的に、労組として「通報窓口」を設置する
一つ、本プロジェクト推進には、「できないと言わない、言わせない」風土を創造していく
一つ、できなければどうすれば良いか？　皆で話し合える風土を確立する

A 社労働組合内部資料より筆者作成。

資料4-3

れている労働組合の基本スタンスは、資料４－３の通りである。

ここから読み取れることとして、①労働時間削減に取り組むことをワーク・ライフ・バランスの第一歩としていること、②人件費削減、つまり経営合理化のための労働時間短縮にはさせないこと、③サービス残業を生むような形だけの労働時間短縮にはさせないこと、④労働組合が適切な取り組みができているかを常に監視すること、⑤労働時間短縮を可能にさせる働き方について、議論する場を提供していることである。

このほかに、ＴＭ運動によって、生産性が向上した場合の成果配分に関する交渉も行なっている。ＴＭ運動が、単なる経営合理化策の一環にとどまることがないよう、労働組合が注意深く監視する姿勢を示すものとして注目すべきで

ある。ここに、TM運動が長期的に展開されてきている一つの要因が見いだせるだろう。

その交渉状況は以下の通りである。

労組：現在全社一丸となって、ワーク・ライフ・バランスの確立に向け、TM運動に取り組んでいる。TM運動の大きな目標は、ワーク・ライフ・バランスを確立し、仕事と私生活の双方において、より多くの自己実現の時間を創造することにあると考える。一方、若年層においては、その給与水準から時間外手当に頼らざるを得ない部分もあり、時間外労働の削減という側面では心情的に注力できない面もある。運動の更なる活性化のためにも、生産性向上後の成果配分について現時点での会社の考え方を確認したい。

会社：今の段階で明確な配分方法を示すことはできない。ただし、明らかに生産性向上がみられた場合、一定の配分は実施したいと考える。そのためには、とにかく「地道に、愚直に、徹底的に」TM運動を展開していき、成果が実感できるまで体質改善をしていく必要がある。

また、TM運動展開過程における組合員からの不満を集約し、それを経営側に伝えている。所定外労働削減に関して、組合員からは、「働き方自体を見直すよい機会である」という肯定的な意見がある一方、「時間外労働削減目標だけが強調され、具体的な施策の提示、職場内で労使による協力や工夫が行われていない」といった不満も出されている。この声を受け、二〇〇九年の春闘では、まず労使でこのような職場による温度差がある現状を確認し、全社で時間外労働削減に取り組む意識を再確認することで合意した。そのうえで、目標だけでなく、労使で削減のための具体的施策の検討を開始すべきとの結論に至っている。こうした労組側の丁寧な取り組みと粘り強い対応なしにTM運動は機能しなかったのではないだろうか。A労組の労働時間削減への並々ならぬ意欲を垣間見ることができる。

②三六協定遵守に向けた労働組合の監視体制

労働時間削減へのA社労働組合の取り組みは、当然とはいえ、三六協定遵守というもっとも基本的なところに力を注いでいる。A社労働組合は、三六協定遵守の状況について組合員に報告し、現状をふまえた労使交渉を行なっている。

まず、A社の三六協定締結状況については、既述の通り、時間外労働の上限について、一日四時間、一ヶ月四〇時間、一年三六〇時間で労使協定している。

さらに二〇一一年度には、労使交渉の結果に基づいて、特別条項付三六協定として新しく締結し直している。A社労働組合は一一年の内部資料で、「二〇一〇年度の三六協定順守の取り組みレビューと二〇一一年度の三六協定遵守について」述べている。それによると、その新しい特別条項として定めた特別延長期間と適用制限は、一日五時間三〇分以内、一ヶ月八〇時間以内、一年七二〇時間以内とし、ただし一年の内に延長できる月は六ヶ月（六回）までとした。労組側の事実上の「譲歩」ではあるが、ここにも現実的な対応で時間外労働を可能な限り制限しようという同労組の強い姿勢がみられる。

こうした取り組みにもかかわらず、図4－2、図4－3に示されているように、三六協定超過者は相当数みられた。

さらに残念なことに、TM運動が開始された二〇〇六年以降、三六協定超過者は、減少するどころか、増加傾向にある。とりわけ〇八年以降、年間の三六協定超過者数が急増している。この背景には、〇八年に発生したリーマンショック以降の経営合理化策があると考えられる。このままではTM運動それ自体に疑義が生まれかねないと判断してか、A社労働組合は、三六協定遵守に一層力を入れることにした。以前から行なっていることではあるが、三六協定超過者が出ている箇所のチェックを強化し、長時間労働が常態化しないために注意を喚起することにした。

二〇一〇年度は、三六協定遵守へ向けた労使チェック体制の強化を行なっている。具体的には、①月間八〇時間超過者が発生した箇所に労使で訪問し、箇所の改善に向けた取り組みを確認（三六遵守会議の開催）し、②年間七二〇時間超過の可能性がある社員をリストアップし、当該社員の毎日の時間外労働を労使で把握した。その結果、極端な時間外労働を行なった人の割合が減少し、従業員の健康維持の観点から見ても成果があったとしている。

しかし、二〇一一年度には、こうした取り組みを行なったにもかかわらず、年間七二〇時間超過者を発生させることになってしまった。このことを受け、取り組みをさらに強化している。具体的には、第一に、月間の時間外労働が六〇時間に達した従業員が発生した時点で箇所長が自主的に人事部に報告することとした。それは、年間七二〇時間超過者を発生させないために、今まで以上に箇所で月間

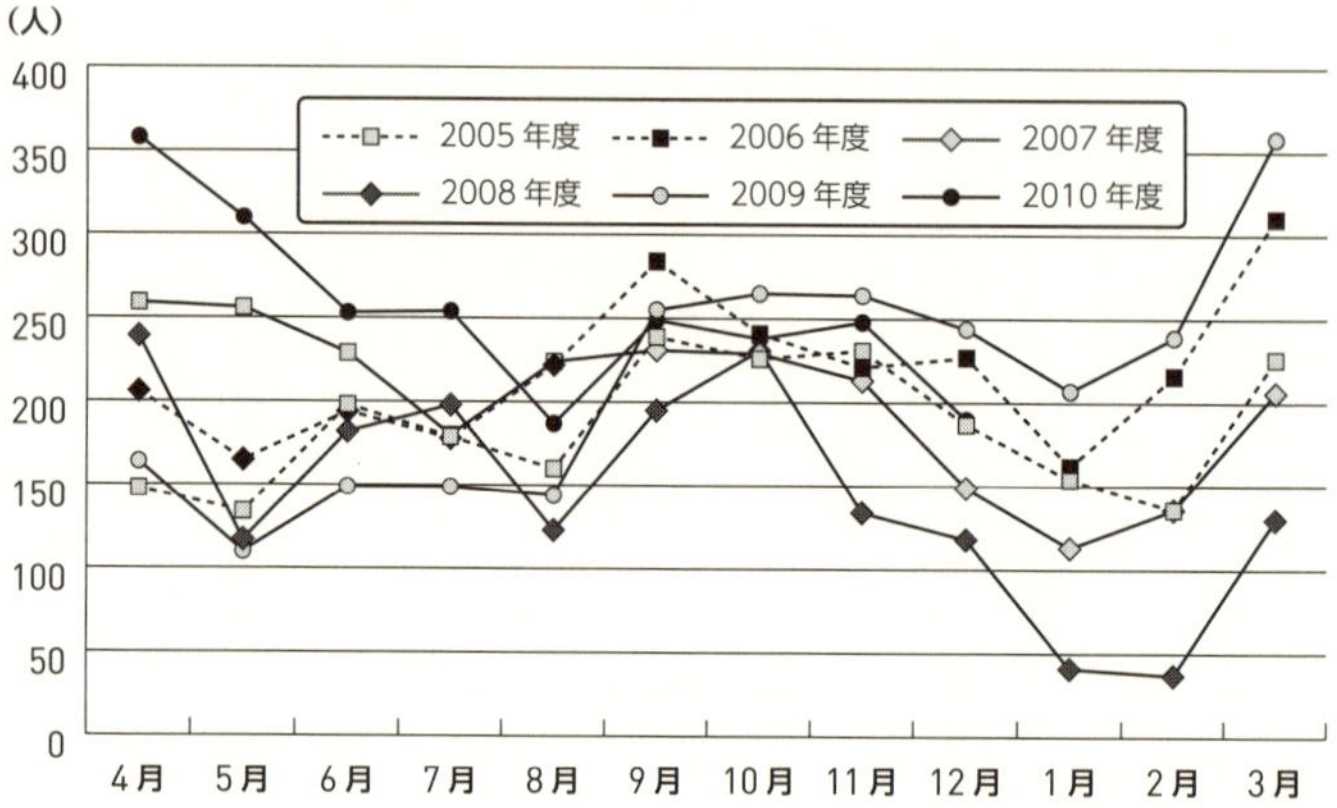

A 社労働組合内部資料より筆者作成。

図4-2　月間三六協定超過者数

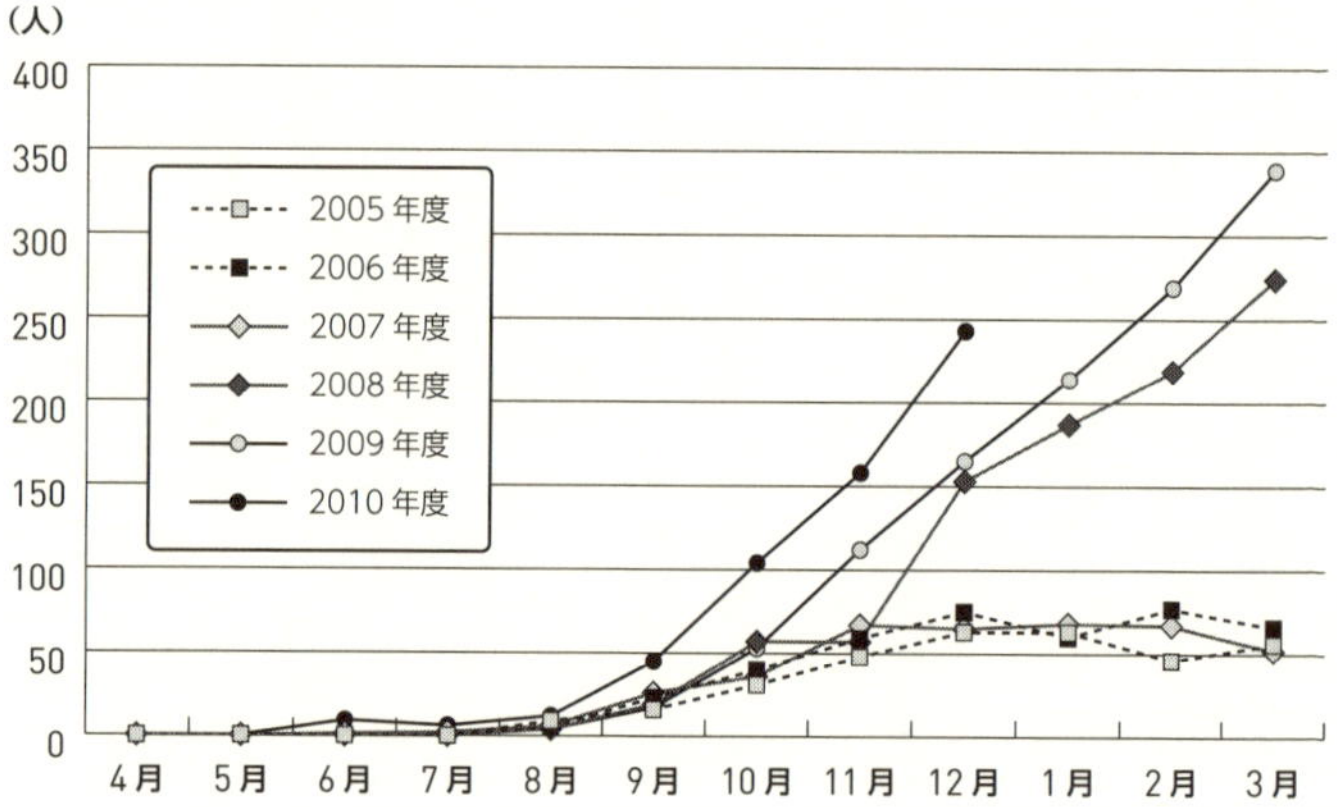

A 社労働組合内部資料より筆者作成。

図4-3　年間三六協定超過者数

上限時間を意識した管理が必要であるとの考えからである。そのためには「月間上限八〇時間」の遵守を徹底しなければならず、当該従業員のなかで時間外労働六〇時間が生まれた時点で注意を喚起して、時間外労働八〇時間に達しないような工夫を箇所に促す必要があるとしたのである。第二に、「月間四〇時間を超えて延長できる回数（月数）は年間六回まで」の事項について、月間の四〇時間超が三ヶ月連続した時点で、箇所長と本人にメール通知し改善要請を行なうことである。これにより、箇所長や箇所で働く従業員に四〇時間超過を意識した働き方を促すことにしたのである。第三に、年間の上限時間については、従業員の年間の時間外の累計が三六〇時間を超えた時点で、当該箇所長に是正申請を行なう。さらに、累計が五〇〇時間を超えた従業員のなかで、労使による継続的なモニタリングが必要と思われる者をリストアップし、五〇〇時間を超過した翌月から当該従業員の毎日の時間外を箇所長から人事部に報告することとし、年間の七二〇時間超過者を発生させない取り組みを行なうこととしたという。

その後の経過と実態については明らかではない。しかし、時間外労働が景気変動に左右されがちであるなかで、またその常態化という日本ではいわば「常識」の「働かせ方」のかで、労働組合側のこのきめ細かい対応は評価すべきである。また、労働組合のこのような行動なしには、労働時間削減は困難な日本の実態を示しているともいえる。

（6）ＴＭ運動の結果分析

ここまでＡ社におけるＴＭ運動についてみてきた。この運動は現在も継続中であり、今後も注視していく必要はあるが、聞き取り調査をした二〇一二年段階までの中間結果を分析し、考察する。

①所定外労働時間の短縮

正規雇用労働者と非正規雇用労働者間の能力、労働密度に違いがあるなかで行なわれたＴＭ運動であるが、まずは、開始から三ヶ月後の結果、所定外労働時間の減少が確認できる（資料４－４）。

この点に関し、Ａ社労働組合機関紙は、「直近の三ヶ月間、特に一二月、一月については、過去三年間を振り返ってみても非常に低い数値となりました。これを成果とするには時期尚早でありますが、全社での〝ノー残業デー〟、〝年休取得促進〟への取組みが、社内のコミュニケーション活性の一端を担い、あわせて意識の面においても作用があったのではないかと考えます。時間外実績という観点で客観的にみると、社内に変革の兆しが芽生えてきたように感じます」との見解を示し、ＴＭ運動に一定の効果があったと主張している。

全体の所定外労働時間が減少したことはもちろんであるが、二〇〇四年時点で問題となっていた、所定外労働時間が四〇時間以上の組合員数の減少も確認できる。

また、人事部担当者も一定の効果を感じているようである。とりわけ、業務改革に関し、各分析ツー

指導職以下の時間外労働実績（2004年4月～2007年1月）

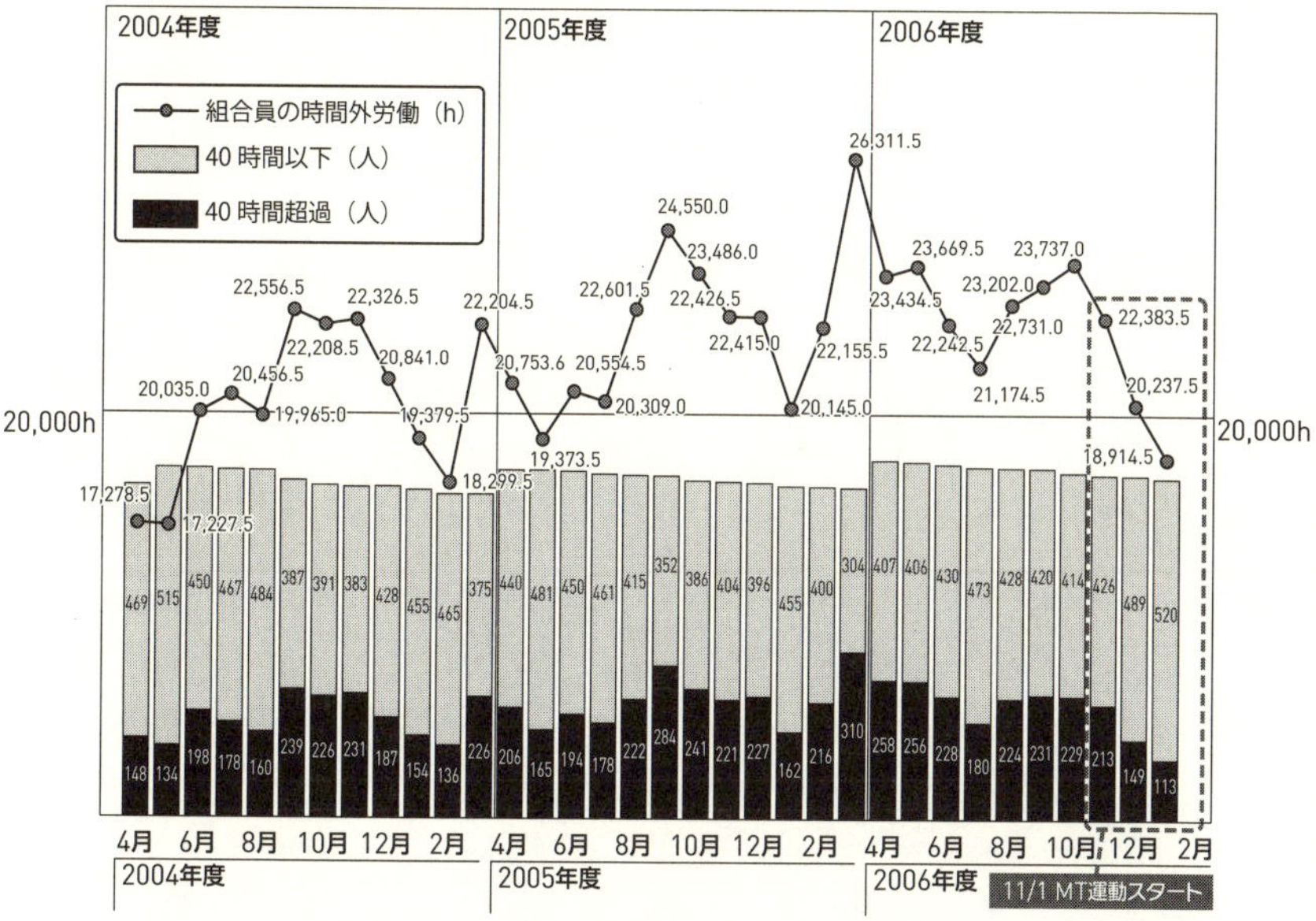

A社労働組合内部資料より抜粋。
2006年11月のTM運動開始から3ヶ月経過後、A社労働組合が作成。
ひと月の社員（指導職以下）の時間外速報値を基に2004年から3年間の実績を以下のグラフにしている。

資料4-4　TM運動開始3ヶ月後の結果

ルを用いて業務分析を徹底して行なった結果、業務特性が明確になったとして大きな成果を得たとしている。業務分析を行なうことで、効率的な業務・組織編成、業務配分、人員配置を検討するうえで貴重な資料を得ることができたのである。もちろん業務改革が従業員に負の影響をもたらす可能性はないわけではないが、それに関してはA社とA社労働組合との共同作業の意義は大きかったと言えよう。

　しかし、事態は単純ではない側面もある。この間のA社の航空通関件数と空輸出混載

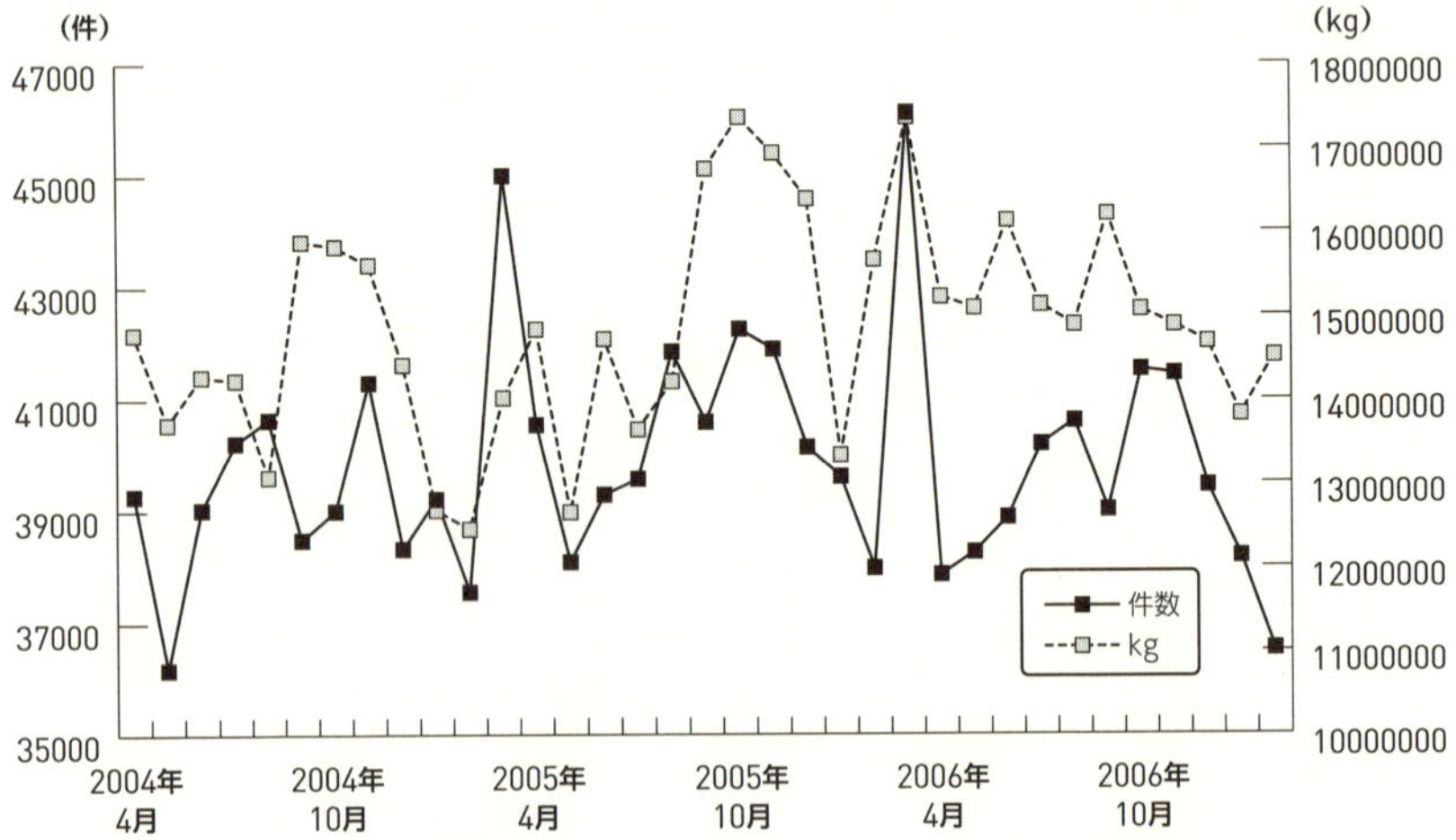

A 社労働組合内部資料より筆者作成。

図4-4　A社航空輸入通関件数と空輸出混載重量の推移

重量の推移（図４－４）をみると、ＴＭ運動開始以後、（仕事量と考えられる）貨物取扱件数および重量は、減少傾向にあるのである。「業務量の減少が、労働時間短縮に関係したのではないか」という推量もできなくはない。したがって、この間の労働時間の短縮は、ＴＭ運動のみで生まれたのではなく、複合的な要因によるものと考えるべきなのかもしれない。

ただし、ＴＭ運動が何の意味もなかったわけではない。事実、Ａ社の人事部はＴＭ運動の成果について次のように評価している。ＴＭ運動は、「意識改革・業務改革とも、少しずつ進展を見せる一方、その本来の目的である残業時間の削減については、残念ながら現時点では目立った成果をあげていない」としながら、他方では「これまで毎月の貨物取扱量が前年同月比一〇％以上の伸びを示していることを考慮すると、ＴＭ運動がなければ、残業時間は大きく増加したかもしれない。その意味でも、取組を続けてきた意義は大きい」という見解を示しているのである。

さらにA社労働組合は、二〇〇七年度のTM運動の取り組みの成果として次の三点を挙げている。一つ目は、年次有給休暇取得率が向上したことである。計画年休の開始前と開始後を比較すると、全社平均で〇・四日から〇・八日に増加したという。二つ目は、業務改善運動の全国展開により、すべての業務箇所でMMチャート、パレート分析、スキルス・インベントリー作成が行なわれたことである。特にスキルス・インベントリーは、教育計画にも活用されている。三つ目は、部門を越えた改善活動が開始されたことである。研修も行なわれた結果、意識が変わり、行動が変わったと報告されている。

②TM運動からみる正規・非正規間の働き方の違い

TM運動は、正規雇用労働者のみならず、非正規雇用労働者を含めた運動であるが、実はこの点が労働時間短縮にとって大きな壁となる。なぜなら、時間単位で雇用されている非正規雇用労働者にとって、時間短縮は得るものがないからである。それればかりか、逆に、自らの利害に反する結果すら招きかねない。第1章でみたように、非正規雇用が四割を超える今日の状況において、この問題は避けて通れない。

A社においてもこの問題は単純ではない。ここでは、TM運動で業務改革に用いられた五つの分析ツールのうち、スキルス・インベントリーとMM（Man Machine）チャートをもとに、正規雇用労働者と非正規雇用労働者の違いについて考察することを通して、雇用形態の違う従業員が混在するなかでの労働時間短縮の課題を検討する。

繰り返しながら確認すれば、スキルス・インベントリーとは、職場ごとに、必要スキルの一覧を作成し、個々人がそれぞれのスキルについて、どのレベルまで満たしているか記載し、職場単位でのスキル別充足度を数値化(パーセンテージ表示)することで、本人および職場の強み・弱みを「見える化」するものである。これは、「業務内容の見える化」という位置づけで活用されている。属人的なものになりがちな各人の業務について、スキル面から可能な限り一般化・共通化することを目指すものであった。外出・休暇等で短時間ないしは長期的に不在となったメンバーのフォローの円滑化や、配分を含めた業務の見直し、業務負荷の平準化へ向けた多能工化の推進、あるいは職場間の人材レベルの均一化等に活用されている。

以下では、少し細かくなるが、入手できた資料を使って検討する。資料4－5は、A社で実際に使用されたスキルス・インベントリーの抜粋である。それぞれの職場で必要とされる能力を大項目、中項目、小項目の三つにレベル分けをして、従業員一人ひとりの詳細な能力の分析を行なっている。ここで対象となっている従業員は全部でA～Tまでの二〇人である。正規雇用労働者だけでなく非正規雇用労働者も含まれている。ここでは、小項目二五個による能力の〝見える化〟が行なわれている。それによると、A～Tの順に、二五、二二、二六、二四、二一、二六、一六、二二、一八、一六、一二、一一、一二、一一、一二、九、八、八、〇、七となっている。この二〇人のなかには、求められる能

●●FW　営業チーム・デスクチーム　スキルス・インベントリー

大項目	中項目		小項目					
(CS/業務)				Aさん	Bさん	Cさん	Dさん	Eさん
お客様に応対できる	出荷指示の受注が出来る	1	出荷に必要な確認項目を把握しているか	1	1	1	1	1
	受注処理(JUDY操作)が出来る	2	JUDYで処理が出来るか (GI,L/i,Booking,Flt　Inf.処理)	1	1	1	1	1
		3	Profile、出荷パターンの登録が出来るか	1	1	1	1	1
	クレーム処理が出来る	4	お客様からのクレームに対応出来るか	1	1	1	1	1
		5	連絡箇所、必要な手続を把握しているか	1	1	1	1	1
	運賃見積もりが出来る	6	運賃・チャージ計算が出来るか	1	1	1	1	1
		7	危険品など特殊貨物の料金計算が出来るか	1	1	1	1	1
	商品知識がある	8	各商品の輸送形態やルートなどを把握していて的確に回答できるか	1	1	1	1	1
		9	発地、着地(経由地含め)での注意事項を把握していてお客様にアドバイスできるか	1	1	1	1	1
		10	お客様に対して、戦略物資など、規制商品の法令説明および説得が出来るか	1	1	1	1	1
	海外情報を知っている	11	各国税関申告の注意事項を把握しているか	1	1	1	1	1
		12	各仕向地のハンドリング状況や保管倉庫の状況を把握しているか	1	1	1	1	1
		13	各仕向地からの配達方法について把握しているか	1	1	1	1	1
必要な業務知識がある	社内業務ルールを知っている	14	出荷に関して各業務箇所へ必要な指示・依頼項目を把握しているか	1	1	1	1	1
		15	各業務箇所の依頼受付カット時間を把握しているか	1	1	1	1	1
		16	危険品など特殊な貨物における通関、フォワーディングに関する注意事項を把握していて処理出来るか	1	0	1	1	0
	デプロマの資格がある	17	基礎の資格を保有しているか	0	0	1	0	0
			上級の資格を保有しているか	0	0	1	0	0
			危険品の資格を保有しているか	1	0	0	0	0
	荷主のインボイスを代行作成できる	18	SDS/エクセルなどを使ってインボイスを作成出来るか	1	1	1	1	1
		19	危険品のサートが作成出来るか	1	0	1	1	0
	データ入力処理が出来る	20	JUDY/UFSを使ってAWBを発行できるか	1	1	1	1	1
		21	AWB入力後の確認ポイントを把握しているか	1	1	1	1	1
		22	UFSを使って請求書を作成出来るか	1	1	1	1	1
		23	UFSを使ってMisc請求書を作成出来るか	1	1	1	1	0
	データ修正処理が出来る	24	UFSを使ってAWBのコレクションが出来るか	1	1	1	1	1
		25	UFSを使って請求書の修正が出来るか	1	1	1	1	1
			質問総数　25＋2＝27	25	22	26	24	21

A社内部資料より抜粋。

資料4-5　スキルス・インベントリー（抜粋）

力の半分に満たない者（能力が二分の一以下の者）が一〇人存在する。このなかに、派遣社員が含まれていることが推測される。だし、能力が半分に満たない者すべてが派遣社員というわけではない。ベテランの非正規雇用労働者の場合、正規雇用労働者である若手社員よりもレベルが高い場合もあるからである。

続いて、MM（Man Machine）チャートである。これは「標準作業組み合わせ表」により、各工程の流れを「見える化」するものである。一日における各人の標準的な作業スケジュールを、工程ごとに十数分刻みで、作業工程表（チャート）に記録し、対象者の個々の作業工程を一つの部品に見立て、一日の業務の流れを各作業工程の組み合わせから把握するものである。相対的に時間がかかっている業務をあぶりだすとともに、工程間にロスや重複がないか検証しようとするものである。MMチャートの活用により、箇所によっては、業務処理の生産性が大幅にアップしたケースもあったという。

資料4－6をみると、正社員二人（A係長とB主事）、そして派遣社員Cの一日の仕事の流れが記されている。この表からは、労働時間のみならず、任される仕事の中身も違うことが確認できる。この資料をもとに、三人それぞれの一日の労働時間に占める休憩時間、待ち時間、アイドルタイムを計算してみよう。

まず、A係長の労働時間は六〇〇分であり、そのうち休憩が四〇分、待ち時間が六〇分となっている。六〇〇分のうち一〇〇分（一日の労働時間の一六・七％）が、待ち時間および休憩時間ということになる。続いて、B主事の労働時間は四八〇分であり、そのうち休憩が四〇分、待ち時間が六〇分となっ

作業工程	●●半導体様受注業務	改善効果		2006年12月20日水曜日	
作業者名		直当たり効果		区分	改善前 ● / 改善後

正社員　氏名：A係長

作業	時間（時間：分）
メールチェック	20
成田TMとの貨物ハンドリング方法連絡（1回/日）	40
お客さまミスによるトラブル対応（インボイス差し替えなど、電話・メールを利用しフォロー）	60
請求書チェック（昨日分、1回/日→営業マンへ渡す、BLと請求金額があっているかを確認）	80
貨物ナンバリング	40
休憩	40
書類振り分け	20
パターン登録	20
検量待ち	20
ブッキング漏れ画面チェック（都度）	20
検量待ち	20
入力指示書作成	40
パターン登録（明日分）	20
LI=JUDY	20
SS確定待ち	20
FSTとの確認	20
LI=JUDY	20
インボイス差込	20
インボイス出力（メール）	20
SI受信	20
LI=JUDY	20
BL発行	20
SHA向けプレアラート（現地お客さまメール）	20
合計時間	600

正社員　氏名：B主事

作業	時間（時間：分）
10時出勤	
・BL入力=JUDY（本日分） ・ブッキング=JUDY（明日分） ・BL発行=UFS（本日分） を断続的に実施	60
お客さまミスによるトラブル対応	40
テストインボイスデータ送信（お客さまの資材部へ1回/日）	20
ULDPLT番号の確認（現地KWEへ報告1回/日）	20
休憩	60
検量待ち	40
お客さま資材部入庫報告書作成（1回/日）	40
ブッキング=JUDY	20
貨物あて	20
・入力指示書作成=エクセル ・ブッキング=JUDY	40
SSの確定待ち	20
LI=JUDY	20
SSの確定待ち	20
LI=JUDY	40
書類バラシ	20
メールチェック	20
成田TMと確認電話	20
業務一覧による最終漏れ確認	20
合計時間	480

派遣社員　氏名：Cさん

作業	時間（時間：分）
・BL入力=JUDY（本日分） ・ブッキング=JUDY（明日分） ・BL発行=UFS（本日分） を断続的に実施	120
アイドル	60
休憩	60
・入力指示書作成=エクセル ・ブッキング=JUDY	140
SSの確定待ち	60
LI=JUDY	20
SSの確定待ち	20
LI=JUDY	20
書類バラシ	20
超早出し発行（朝9時カット）	40
合計時間	500

A社内部資料より抜粋。

資料4-6　MM（Man Machine）チャート（抜粋）

ている。四八〇分のうち一四〇分（一日の労働時間の二〇・二％）が待ち時間および休憩時間となっている。最後に派遣社員Cの労働時間は五〇〇分であり、そのうち休憩が六〇分、待ち時間が八〇分、アイドルタイムが六〇分となっている。五〇〇分のうち二〇〇分（一日の労働時間の四〇％）が、待ち時間および休憩時間ということになる。派遣労働者Cの労働時間は、正社員と比較して短いことに加え、待ち時間および休憩時間は、A係長の二・四倍、B主事の一・四倍となっている。派遣労働者と正規従業員とのアンバランスは明らかである。従業員の頭数を揃えても、職場の実態は、隠された形で矛盾が生じていることを示している。

他企業と同様、A社においても非正規雇用労働者の活用が進んでいる。第1章では、非正規雇用の増大は、正規雇用労働者の所定外労働時間の増大、長時間労働の問題につながるだろうという考えを述べた。

しかし、A社における非正規雇用労働者も交えたTM運動の事例からは、非正規雇用労働者比率が増大した職場においても、所定外労働時間の削減が可能であることを指摘することができる。TM運動を通して、所定外労働時間削減のためには、意識改革はもちろんのこと、「五つの分析ツール」を利用してどこに問題があるのかが「見える」ようになった。

ただし、その問題改善には限界がある。それは正規雇用と非正規雇用とが雇用形態だけの違いではなく、労働諸条件のあらゆる局面での格差構造があるからである。

本章では、「五つの分析ツール」のうち、スキルス・インベントリーとMMチャートにより、正規雇用労働者と非正規雇用労働者の労働実態を比較した。スキルス・インベントリー、MMチャートから は、能力、労働時間はもちろんのこと、事実上職務に従事している時間、すべてにわたって正規雇用労働者のほうが非正規雇用労働者よりも多いことが明らかになった。第1章で述べたように、筆者は、「正規雇用を非正規雇用に代替しているにもかかわらず、なぜ正規雇用労働者の労働時間は増えるのか」というパラドックスについて、「従業員の頭数を増やしても、非正規雇用労働者については、所定外労働が想定されていないことや、技能レベルといった問題が考えられるだろう」と述べておいたが、ここでこの点を確認できる。従業員一人ひとりの詳細な能力の分析を行なったスキルス・インベントリーから、求められる能力の半分に満たない者（この多くが派遣社員）が半数もいることが明らかとなったのである。また、「標準作業組み合わせ表」により、各工程の流れを「見える化」するMMチャートからは、正規雇用労働者と非正規雇用労働者は、任される仕事の中身が違うことはもちろんのこと、非正規雇用労働者のほうが正規雇用労働者よりも労働時間が短く、実際に仕事をしている割合は正規雇用労働者よりも低いことが明らかになった。

それならば、非正規雇用労働者のスキルレベルを上げて、実際に仕事をしている時間を増やせば、正規雇用労働者の所定外労働時間の減少にもつながると考えられるだろう。しかし、それを実現するためには非正規雇用労働者の労働条件を改善する必要がある。

スキルス・インベントリーでは、各々の職場にはいかなる能力の、どれだけの人員が必要とされているのか、またその職場を構成する個々人がどのような仕事をどの程度できるか、これが明らかになる。この分析結果をもとに、それぞれの職場で教育訓練を行なうものの、教育訓練に対する正規雇用労働者と非正規雇用労働者の反応は異なる。正規雇用労働者は、自身の職務遂行能力が向上することで給与交渉に有利になり、意欲的に教育訓練を受けることが自らに有利になる。しかし、その一方、そもそも非正規雇用労働者にはスキルアップが期待されていないのであるから、職務遂行能力が向上しても、給与や処遇は上がらない。そのため不満の声も出てくるのである。

先に指摘した「パラドックス」の中身は簡単である。異質な人材で頭数を揃えても、求められている仕事は完遂できない。「責任をもつ」正規雇用労働者が「下支え」ないしは「尻ぬぐい」するしかないのである。こうして、正規雇用労働者の労働時間が長くならざるをえない。コストの論理で非正規を採用しても、正規雇用には長時間労働、非正規雇用には低賃金、このような矛盾した状態を生むことになるのである。スキルス・インベントリーとMMチャートはこの矛盾を「見える化」することになった。なんとも皮肉ではあるが、労働時間短縮問題は雇用形態の違いを無視するわけにいかないこと、それは同時に非正規雇用の労働条件の現状を改善することが必須条件であることが明らかとなったのである。

（7）A社労働時間短縮運動と本事例の限界

本事例でみたように、A社のTM運動推進過程において、A社労働組合が重要な役割を果たしていたことは明らかである。

A社労働組合は、TM運動開始の際、所定外労働時間の短縮が組合員にとって不利にならないよう、会社側に要求していた。たとえ業務改善によって作業能率が向上しても、その成果が時間短縮ではなく、さらなる業務量の増加に繋がる危険性は大いにある。それを阻止するためには組合の介入と監視が不可欠であった。また所定外労働時間が減少し生産性が上がったとしても、給与が減ってしまえば、従業員達のTM運動への意欲は減退することが予測される。A社労働組合が、組合員一人ひとりの利益を損なわないよう経営側に要求し、監視し続けることが、今後のTM運動継続のためにも重要であると考えられる。

また、労働時間管理の強化、つまり、労働時間管理の「逆フレキシブル化」を行なっていた点にも留意したい。これは、前章の事例分析の結果からも指摘しておいたことである。A社においても、TM運動展開過程において、労働時間短縮へ向けて、労働時間管理を労働者個々人の自主性・自律性に委ねるのではなく、職場で適切に管理することが必要であるとして、フレキシブル化とは逆方向へと変更している。これは「意識改革」の一つとして取り組まれた「成果」である。当初、A社は労働時間短縮を目的とし、「多様な働き方の検証」としてフレックスタイム制を取り入れた。しかし、その後、労働時間短縮効果がみられないという理由から、その運用を取りやめたのである。まさしく〝逆フレキシブル化〟と言っていいだろう。「労働時間管理のフレキシブル化が、労働時間短縮につながる」という主張が主流となっているなかで、こうした労働時間管理の厳格化、つまり、〝逆フレキシブル化〟の流れがあること、労働時間を〝職場で〟、〝適切に〟、〝管理する〟ことの重要性を示した好例である。

本事例分析からは、業務改革を始めとするTM運動の結果、運動を始めてから三ヶ月後という短期間において、正規雇用労働者の所定外労働時間が減少したことが確認できた。これは、業務改善による無駄な業務の削減による生産性向上によるものと言えよう。A社では、労働組合が介入してTM運動を行なっている。そのため、所定外労働時間の削減が組合員の不利益にならないよう、A社労働組合は、TM運動開始の際、生産性が上がったら、組合員の給与を上げるよう経営側へ要求し、運動推進過程においても常に監視をしている。

この事例分析を第1章で挙げた算定式に当てはめて考えてみよう。

A社で行なわれたことは、まず労働時間を短くすることを労使で決め（労働時間：↓）、その実現のために無駄な業務を削減し、業務量を減少させること（業務量（労働投入量）：↓）で労働時間短縮を試みている。また、五つの分析ツールを用いて、職場の実態分析を行なった後、業務改革を行なっている。スキルス・インベントリーを用いたスキル別発揮能力の棚卸によって、職場の各人の能力を洗い出したのち、足りないスキルの向上に努めるようにしている（スキルレベル：↑）。また、その能力向上や、業務の効率化が労働強化につながらないよう、組合が介入し、職場の監視を行なった（労働強度：→）。

このうち、スキルレベルの向上は、往々にして労働強度の増加を招きやすいのだが、ここに労働組合の努力が重要である。この点からA社労働組合は、労働時間短縮とそれにともなう諸条件に対し、生産性向上が労働強化に結び付かないようにすることに細心の注意を払い、組合機能の一つを果たそう

Ａ社における労働時間短縮

$$\text{労働時間}(\downarrow) = \frac{\text{業務量（投入労働量）}(\downarrow)}{\text{人数}(\rightarrow) \times \text{スキルレベル}(\uparrow) \times \text{労働強度}(\rightarrow)}$$

とする姿勢をもっていると判断できよう。このような所定外労働時間短縮へ向けた労働組合の介入の必要性は、これまでも指摘されているが、それを実証するものとして貴重な事例である。

ＴＭ運動の効果を長期的にみると、その効果は継続していない。これは三六協定超過者の実態をみても明らかである。その要因はいくつか考えられるが、要因のひとつとして、正規雇用労働者と非正規雇用労働者との立場の違い、そこからくるＴＭ運動への意欲の違いを指摘できよう。組合員ではない非正規雇用労働者は、ＴＭ運動へ参加し、所定外労働時間を削減することができても、労働組合の規制のもとでＴＭ運動に参加している正規雇用労働者が感じる以上のメリットを感じられないのである。口には出さないものの、むしろ自らの利害に反する結果になる恐れを感じていたとも考えられる。全社一斉で行なうＴＭ運動であるだけに、この問題は大きい。労働時間短縮問題のもう一つの重要な課題を提起している。

長時間労働問題は、近年盛んに行なわれているワーク・ライフ・バランスに関する議論のなかでも、注目されるテーマの一つである。そこでは、効率よく仕事をするための働き方のあり方が模索されている。しかし、こうした議論は、まず労働者個人のライフを成立させるためにワークをどのように規制あるいは処理していけばよいのか、そのための枠組みは何かという議論の域を出ない。富田義典も、枠組みのみのワーク・ライフ・バランスの導入は風呂敷残業が発生するだけであるとの見解を示し、制度を運用する際には、労働組合の参加が必要であると説く。富田はそれに加えて、仕事量、業務量、要員数、労働時間、教育訓練、管理ノウハウなどの諸要因を取り上げ、それらを労使で協議することがワーク・ライフ・バランスの活動の形であると主張している（富田義典「企業別組合の基本的機能」社会政策学会誌『社会政策』第二号第一号〈二〇一〇年〉、一七－二六頁）。今日の企業社会において、ワークにライフが押しつぶされている労働者にとっては、長時間労働の解決こそ、企業が、第一に取り組むべきワーク・ライフ・バランス施策であるといえよう。

ただ、本章で明らかにされたように、正規雇用労働者と非正規雇用労働者の利害対立を乗り越えないことには、労働時間短縮運動を個別企業のレベルにとどまらず、社会全体で展開し、今後も継続させていくことは難しいだろう。また、個別企業による取り組みにも限界があると考えられる。もちろん非正規雇用は自然に増加したわけではない。言うまでもなく、その増加は雇用形態の多様化＝雇用のフレシブル化という企業の人事戦略、それに基づく人事労務管理の結果である。したがって、ここでもまた、この問題の解決のためには、人事労務管理のあり方に手を加える必要があるといわねばならない。

非正規雇用労働者比率の増大を背景に、企業の人事労務管理のみならず、労働組合のあり方も変化をみせている。今後も、職場の人事労務管理の動向に注目しながら、本書の問題関心である正規ホワイトカラー労働者、そして、増加し続ける非正規雇用労働者を含めた全労働者にとっての労働条件改善を追求していかなくてはならない。

3 「健康と生命」を守るための人事労務管理へ向けて

ここまで、一九九〇年代以降の日本の正規ホワイトカラー労働者の長時間労働問題と人事労務管理のフレキシブル化を明らかにしてきた。最後に、本書のまとめとして、長時間労働削減へ向けた「健康と生命」を守るための人事労務管理について提言をしたい。

(1) 本書が明らかにしたこと

冒頭で述べたように、筆者は、「多様で柔軟な働き方」を標榜するホワイトカラー・エグゼンプションをめぐる議論の前提にある「現代社会では、労働者の自由裁量に委ねた働き方をするべきである」とする考えに対し、疑問をもつ。本書で明らかにしたように、今日の日本社会において、労働者の地位は確立されておらず、働き過ぎによって死に至ることもある。そして、そのような現象、つまり過労死・過労自殺は増加傾向にあり、社会問題となっている。また、働く個人にとっては、どのような働き方を選ぶかなどという自由は存在していない。裁量労働制の導入状況がいまだに低いことからも明らかなように、実際には自由裁量にゆだねて働くことなど、多くの労働者にとって、ありえないことなのである。

グローバリゼーション、ＩＣＴ化にともなう市場原理主義の浸透は仕事を変化させた。企業は、市場競争に勝ち残るために、生産性向上を図るようになる。そのターゲットは生産性が低いとされてきた正規ホワイトカラー労働者とされ、その働き方をめぐる議論が活性化した。一九八〇年代以降、労働時間法制に関わる労働法の規制緩和が推し進められてきたが、それはフレキシブルな働かせ方を願う財界の要望に答えるものであった。それらの労働法制の規制緩和の実現は、企業の人事労務管理を大きく変容させることになった。一九九〇年代以降、人事労務管理のフレキシブル化は、以前にも増して本格的に展開されるようになった。もともと日本の人事労務管理は柔軟性があったとされるが、さらなるフレキシビリティを追い求めるようになったのである。その結果として、過労死・過労自殺にまで至る長時間労働問題が発生したのである。

長時間労働問題は、労働者にとってはもちろんのこと、企業にとっても深刻な問題である。企業が労働者に求める新しい様相の働き方を追求すればするほど、疲労、労働意欲の低下、メンタルヘルスの蔓延、過労死・過労自殺などから、労働生産性の低下がみられるようになる。このことは、労働時間短縮は、実は、労働側のみならず、経営側にとっても取り組むべき重要な課題となっていることを示しているのである。

現在の日本における人事労務管理のフレキシブル化は、藻利重隆が論じているように人事管理ばかりが優先されている。経営的生産における合理化の要請に基づいて労働力を最高能率的に利用することを優先とした人事労務管理が行なわれており、労働者の労働意欲を根本的に向上させようとする労働者対策を意味する「狭義の労務管理」の視点が欠落しているのである。それゆえ、本書がテーマとしている長時間労働問題が深刻化している。

本書で、筆者は、長時間労働問題の主因は、人事労務管理のフレキシブル化にあると主張してきた。現在の日本で展開されている人事労務管理のフレキシブル化は、もっぱら、企業競争力強化を図るためのものであった。それによって、より少ない正規ホワイトカラー労働者が、できるだけ多くの業務量を、そしてより長い時間働くような仕組み作りが行なわれてきたことを指摘した。つまり、労働強化の一方で、労働時間が増えているのである。現在、ワーク・ライフ・バランスが叫ばれているが、またそのための施策の一つとして人事労務管理のフレキシブル化が主張されている。しかし、それは労働時間短縮につながっていない。むしろ、量・質ともに、労働者への負担が増大し、二重の意味で苦しい状況が発生していることが明らかとなった。

このように言えるとすれば、フレキシブル化を見直す必要があることはいうまでもない。労働時間短縮の実現のためには、現在日本で展開されている人事労務管理のフレキシブル化からの脱却が必要であると考えられる。そのためには、労使双方の合意に基づく、新しい人事労務管理のルールを確立していく必要がある。本書で提示した算定式を用いると次のようになるだろう。つまり、労働時間を短縮する（労働時間：↓）ためには、業務量を削減し（業務量：↓）、人数を増やし（人数：↑）、スキルレベ

労働時間短縮へ向けて

$$労働時間(\downarrow)=\frac{業務量(投入労働量)(\downarrow)}{人数(\uparrow)\times スキルレベル(\uparrow)\times 労働強度(\downarrow)}$$

ルを上げ（スキルレベル：↑）、そして労働強度を下げなければならない（労働強度：↓）のである。

（2） 本書からの提言

そのためには、どのように人事労務管理を改変していかなければならないのだろうか。第一に、事例研究からも明らかなように、労働時間短縮のために、まずは無駄な業務を洗い出し、業務の削減に取り組む必要がある。本章で見た職場における労働時間短縮への取り組み、とりわけA社の事例の第一の意義は、いかなる業務があり、どの業務が無駄なのか、それを明らかにしたことにあると言える。業務の洗い出しを行ない、必要な業務を見極める作業は、日常的に行なわれるわけではない。無駄な業務にかける時間を減らすだけでも労働時間は短縮する。まずは、無駄な業務と必要な業務を明確に区別し、必要な業務に専念するような管理が必要となるだろう。

第二に、人数の増員を図ることである。近年は、大幅なリストラ・出向、また定年退職者の不補充などで正規雇用を削減し、しかも削減しても業務量は削減されるわけではないから、いきおい労働時間は増えることになる。そこですでに述べたように、雇用ポートフォリオと称して、非正規雇用で補充が行なわれる。本章で紹介した事例研究でも、繁忙期には非正規雇用労働者を活用するとされていた。しかし、労働の現場を分析すると、正規雇用労働者と非正規雇用労働者の働き方の違いがあることがわかった。正規雇用労働者は、実際に業務を行なっている時間も、一日の労働時間も非正規雇用労働者よりも長い。また、労働時間短縮運動（ＴＭ運動）への意欲も、組合員であり、能力向上にともなう賃金交渉が可能な正規雇用労働者と、能力向上をしても賃金交渉ができない非正規雇用労働者の間には、明確な違いがみてとれた。長時間労働を発生させないためには、非正規ではなく、正規の数を増やすことが必要なのである。またあえて言えば、非正規雇用の正規化、もしくは非正規雇用のあり方の再考が必要である。

第三に、スキルレベルを上げていくことである。第１章でスキルレベル向上の自己責任化による、スキルレベル低下と長時間労働の関係性を指摘した。本章でみたＴＭ運動の事例では、その職場に必要なスキルに対し、各人がどの程度のスキルレベルを有しているのかを把握し、足りないスキルを向上させる試みが行なわれていた。つまり、職場に必要なスキルは、個々人で身に付けるだけではなく、職場で学び、身に付ける必要があることは、現在も変わらないことを意味している。自己責任でスキルレベルの向上を図るよりも、職場で必要なスキルを身に付けることのほうが、経営側が追い求める生産性向上につながるのである。

第四に、労働強度に関し、第１章で成果主義化する人事制度と長時間労働の関係性を明らかにした。成果主義化にともない、業績や「成果」「実力」に基づく人事考課の影響が拡大する。人事考課と長時間労働との関係性は、熊沢誠等の研究者によって、以前より指摘されている。また、成果主義に対しては、職場の混乱を招きかねないとして、高橋伸男『虚妄の成果主義』（筑摩書房、二〇〇三年）や、中村圭介『成果主義の真実』（東洋経済新報社、二〇〇六年）等でも、議論が重ねられてきた。成果主義化が進むなかで、労働強度が増すことがないようにするための取り組みとして、何が考えられるだろうか。本章で紹介した事例研究を行なう際に入手できた資料のなかには、人事考課の評価への不満に関するものもあった。まずは「自発性が強制されないように」人事考課のあり方の改善が必要である。

第五に、労働時間に関してはフレキシブルな労働時間制の制限が必要である。労働時間のフレキシビリティは、労働時間短縮に寄与するという論調がある一方、本章で見た事例のなかには、労働時間のフレキシビリティを取り去ったものがあった。これは、長時間労働の解決のためには、まず労働時間管理を適切に行なうこと、つまり、自己責任のもとで管理させるのではないことを意味している。企業には、従業員の働き方をチェックし、健康に配慮する責任がある。長時間労働にともなう健康障害は本人ではなく、時間管理や配慮を怠った企業の側の責任であることは、労災認定の事例を持ち出すまでもなく、今や社会の「公準」である。

最後に強調すべきは、これらすべてにわたって労働組合が適切に関与していくことの重要性である。A社で労働時間短縮運動が進んだのも労働側の力によるところが大きい。業務の見直しと削減、必要な要員確保、日常的な業務に必要なスキルレベル確保への監視、また業務改善が労働強化につながらないよう監視すること、人事考課制度の設計と運用への介入、労働時間制度そのものの点検、これらすべてが時短を実現するための組合の役割であり、A社労働組合は実に粘り強く丁寧に取り組んでいた。もちろん非正規雇用への取り組みの不十分性など課題はあるが、組合の取り組みなしには時短は進まなかったに違いないし、労使双方にとって真の時短を実現させるためには、労働側の介入が不可欠なのである。

あとがき

本書は、二〇一三年度に提出した博士学位請求論文「一九九〇年代以降における正規ホワイトカラー労働者の長時間労働と労働時間管理に関する研究―日本企業における人事労務管理のフレキシビリティと長時間労働―」がもととなっている。今回、出版にあたり、より多くの読者に読んでいただけるよう、論文を再構成し、修正を加えた。

日本の長時間労働問題に関心をもった最初のきっかけは、先進国と言われている日本で、なぜ過労死・過労自殺に至るまでの長時間労働が発生するのかと強い疑問を抱いたことにある。幼い日の私にとって、長時間働く大人の姿は、ある種、大人として社会的に必要とされていることを意味するかっこいいものであった。思春期を迎えた頃は、ちょうど日本は平成不況の真っただ中であった。テレビや新聞では、連日、不況、リストラ、過労死、過労自殺を取り扱う暗いニュースばかりが報じられていた。バブル期に日本経済の勢いを感じていた私は、この日本が出口の見えぬ暗くて深い闇に突き落とされてしまったのではないか、そのような不安を抱くようになった。まだその頃は、せいぜい小中学校の社会科レベルの知識しかなかったが、日本経済の明暗を目の当たりにし、忙しく働き、私生活をも蝕まれていく、それればかりではなく、過労死・過労自殺に至るまで命を削って働く日本の労働者たちが、はたして幸せと言えるのか、これまでかっこよく見えていた忙しく働く人たちの姿に強い疑念を抱くようになった。こうした問題意識が、現在の私の研究を支えている。

二〇〇〇年代に入り、少子高齢化問題が深刻な問題となるなかで、ワーク・ライフ・バランスの重要性が主張されるようになった。労働生産性を高め、日本経済の成長につなげるという考えのもと、労働全般、とりわけ労働時間に関する規制緩和が推し進められている。筆者はどうしても、こうした政府の方針に対し、違和感がぬぐえない。それは、人事労務管理の視点から考えると、適切に職場を管理することなしに、労働生産性向上など望めないと考えるからである。

ワーク・ライフ・バランスを標榜した働き方の見直しの重要性が言われているなかで、生産性追求のための人事労務管理のフレキシブル化が推し進められることで、長時間労働は改善するのだろうか。それどころか、事態が悪化するのではないかとさえ感じることがある。そのように感じる理由は、本文でも述べたように、一九八〇年代後半以降推し進められている労働の規制緩和にある。本書のテーマである労働時間に関しては、ホワイトカラー労働者の生産性を高めるために、働く個々人の自由裁量に委ねられるような柔軟で緩やかな労働時間管理を実現するための規制緩和が行なわれてきた。そして、今、ホワイトカラー・エグゼンプションが導入されようとしている。企業の人事労務管理から労働時間管理という概念がなくなり、労働者個々人の自己責任のもとで労働時間管理をすることが、現実のものとなろうとしている。

そうしたなかで、二〇一四年六月に、過労死等防止対策推進法が成立した。過労死を防止するために国を挙げて取り組むことを定める法律ができたのは、労働の規制緩和が推し進められてきたこの三〇年のなかで一番明るいニュースと言えよう。こうした過労死防止へ向けた国家的取り組みが職場で適切に機能するためにも、今、展開されている人事労務管理のフレキシブル化について、経営側にとってのフレキシビリティなのか、それとも労働側にとってのフレキシビリティなのかをよく検討し、働く者の立場から交渉し、改変していくことが求められるだろう。その際、重要なのは労働側による人事労務管理への介入である。本書で取り上げた労働時間短縮へ向けた事例の多くが、労働時間管理の適正化を行なう過程で、労働時間管理のみならず、人事労務管理の見直しを行なっていた。そして、そこでは労働側が介入し、労使共同で、よりよい職場づくりへ向けた取り組みを行なっていた。こうした取り組みは、労働組合の職場規制という意味合いを強くもっている。長時間労働が蔓延する日本の職場において、労働組合の介入は絶対的に不可欠なのである。

研究者としてまだまだ未熟である筆者が、稚拙ながらも博士論文を完成させるまでには、多くの先生方のご指導と支援があった。指導教授である明治大学経営学部黒田兼一教授には、博士後期課程入学した筆者に対し、在学中に手厚いご指導を賜った。黒田教授の研究に強い共感と関心をもって、研究室の門を叩いたものの、博士論文が完成するまでには本当に多くの苦労をおかけしてしまった。博士課程を修了した今でも、情熱的な指導をしてくれる黒田教授には、この場を借りて、心より感謝の意を表したい。

大学院在学中は、指導教授のみならず、調査先の方々や、学内外の多くの先生方にお世話になった。とりわけ、博士論文の副査となってくださった明治大学経営学部遠藤公嗣教授、ならびに明治大学商学部柳沢敏勝教授には、学務や研究でお忙しいなか、筆者の稚拙な研究に対し、非常に有益なアドバイス、および研究をより深めていくためのご指導をいただいた。先生方のご指導が無駄にならぬよう、感謝の気持ちを忘れず、今後も研究に精進していきたい。また、研究生活を送るうえで、壁にぶつかることが多かった筆者を支えてくれたのは、多くの先輩方や、院生仲間たちである。修了して、明治大学大学院を去った今、全国各地で活躍する先輩方・仲間たちの姿から、いつも研究へ向けたパワーをもらっている。

また、二〇一三年九月より着任している青森大学経営学部に対し、研究者としての道を拓く第一歩となるチャンスを与えてくださったことに深く感謝している。同僚の先生方との議論はもちろんのこと、教育を通じ、これから働く学生たちとともに、働くこととは何かを考えることは、研究生活によい刺激となっている。

本書の出版にあたり、旬報社の木内洋育氏には、多大なご支援をいただいた。今回、初めて出版するということもあり、分からないことばかりの筆者を相手に、多くの読者に読んでいただけるようにどのようにもとの原稿を構成していけばよいのか、また、どのような読者を想定し、どのように書き進めていけばよいのか、相談に乗ってくださった。木内氏のご支援なしには、本書は出版できなかっただろう。また、木内氏は、本書の表紙を高校時代からの友人であり、東京芸術大学で学んだ高場泉穂氏に依頼したいという提案を受け入れてくれた。仕事で忙しいなか、筆者のわがままに付き合ってくれた高場氏の力作によって、本書が伝えたい私たちが暮らす社会のなかで、労働時間という概念が崩壊するイメージを読者に伝えることができるのではないかと期待している。

最後に、決して有能とはいえない筆者が、研究の道を志すことに対し、反対することなく支えてくれて、今もあたたかく見守り続けてくれている家族に、心よりありがとうと伝えたい。現在、筆者は妊娠中であり、この秋には母親として新たな役割を担うことになる。ワーク・ライフ・バランスという言葉を研究生活でも実生活でもよく目にするが、産休・育休を経た複職後には「子どもを育てながら働く」ということについて、筆者自身今まで以上に自問自答することとなりそうである。

新しい命を授かり、私たちの生きる社会が幸せなものであってほしいと、今まで以上に願うようになった。子どもたちが働くことに希望を見いだせる社会、働くことが幸せに生きることにつながる社会であってほしい。そう願いながら、今後も働く現場の実態を重視し、研究生活に精進していきたい。

二〇一五年九月

渡部あさみ

〈著者紹介〉
渡部あさみ
(わたなべ・あさみ)

2005年度高崎経済大学経済学部経営学科卒業。

2008年度より明治大学大学院経営学研究科黒田兼一研究室で学ぶ。

2013年度博士(経営学・明治大学)。2013年度より青森大学経営学部専任講師。

専門は人事労務管理論。

主な論文に、「所定外労働時間削減における労働組合の役割ーA社の事例からー」

『労務理論学会学会誌』晃洋書房、2010年、

「長時間労働と雇用管理の変化ー非正規雇用労働者の増大と
正規雇用労働者の長時間労働ー」

『社会政策学会学会誌』ミネルヴァ書房、2012年など。

時間を取り戻す
長時間労働を変える人事労務管理

2016年3月10日　初版第1刷発行

◉著者　渡部あさみ
◉ブックデザイン　坂野公一(welle design)
◉図版作成　節丸朝子(welle design)

◉発行者　木内洋育
◉発行所　株式会社旬報社
〒112-0015 東京都文京区目白台2-14-13
TEL 03-3943-9911　FAX 03-3943-8396
◉ホームページ　http://www.junposha.com/

◉印刷製本　シナノ印刷株式会社

ISBN978-4-8451-1451-1